AVENTURES

DE L'ABBÉ

DE CHOISY

HABILLÉ EN FEMME

Précédé d'une Notice et de Documents inédits

et d'une eau-forte de HANRIOT

PAR

MARC DE MONTIFAUD

(Marie Quivogne, née Chartroule)

BRUXELLES

Ch. GILLIET, LIBRAIRE-ÉDITEUR

—

1884

AVENTURES

DE L'ABBÉ

DE CHOISY

AVENTURES

DE

L'ABBÉ DE CHOISY

f. Hanriot. inv. et sc.

NOTICE

SUR

L'ABBÉ DE CHOISY

L est des figures qui, semblables aux marbres romains, nous regardent toujours en conservant le même sourire jeune qu'elles avaient le matin où elles sont nées à la vie sociale, et celui où, sous les doigts du sculpteur, elles ont accompli leur entrée dans le monde artistique. La physionomie de l'abbé de Choisy est de celles-là : jamais une ride, jamais une crevasse ; jamais on n'y vit un froncement de sourcil. Il naît en ce siècle où la bonne humeur, ressortant tout naturellement de la bonne grâce, s'imposait à l'éducation de ce que l'on nommait en langage de cour : « un honnête homme. » Seulement cette qualification « d'honnête » ne pouvait alors se comparer à ce qu'on entend aujourd'hui par ce mot.

Il demeura vraiment le fils de l'ambitieuse femme qui lui répétait à chaque instant : « — Vous vous accoutumerez de bonne heure à la complaisance et il vous en restera toute la vie un air de civilité qui vous fera aimer de tout le monde. » Certes, l'abbé s'accoutuma trop à cette complaisance. François-Timoléon de Choisy vint au monde, à Paris, en 1644, dernier enfant d'une mère dont il fut le préféré, et qui l'éleva comme une fille, n'ayant d'autre ambition que d'affiner cette surface d'homme, déjà si mince, si veule, de la travailler jusqu'à l'amoindrir et d'en faire une sorte d'aigrette dorée, flottant au moindre souffle, ou un petit maître courbant avec grâce un front sans virilité. Son père était chancelier de Gaston d'Orléans; sa mère appartenait à la famille Hurault de L'Hospital. Madame de Choisy comptait dans ses relations habituelles, Marie de Gonzague, Madame Royale de Savoye, Christine de France, la reine Christine de Suède. Reçue dans l'intimité

d'Anne d'Autriche, affolée d'honneurs, elle
sacrifiait ses amis aux puissants du jour, ne
tolérant point une relation dès que celui ou
celle qui en était l'objet tombât en disgrâce
à la cour. Aussi, l'aîné de ses enfants devint-il
titulaire d'une charge de conseiller au Parlement de Toulouse; le second, protégé de
M. de Turenne, eut un régiment; elle fit nommer le troisième intendant de Lorraine et de
Commercy; le dernier devait être de l'Église.
Comment la destinée n'aurait-elle pas souri
à une femme qui possédait assez d'audace pour
dire au roi : « Sire, voulez-vous devenir honnête homme? ayez souvent des conversations
avec moi. » Le roi crut son conseil, poursuit
naïvement le biographe de l'abbé de Choisy,
« et lui donnoit deux fois la semaine des au-
diences réglées qu'il payoit par une pension
de huit mille livres. Elle ne fut pas insensible
aux bontés de ce prince. »

On comprend que les fils d'une telle mère
ne manquèrent pas de protecteurs. Cinquante
mille écus en mariage, quatre mille francs de
douaire, constituant déjà un capital respecta-
ble; plus, huit mille livres de pension du roi,
et six mille de la reine de Pologne, son ancienne amie, lui formaient à peu près vingt-
cinq mille livres de rentes. Elle ne laissa
cependant, quand elle mourut, à soixante-

deux ou soixante-trois ans, que des pierreries, de la vaisselle plate, des meubles et douze cents livres d'argent comptant. Comme l'abbé atteignait vingt-deux ans, écrit l'abbé d'Olivet, ses frères consentirent à l'émanciper. Il y a là une erreur que nous croyons devoir signaler.

Il est dit dans la *Vie de l'abbé de Choisy*, édition de Lausanne et Genève, chez Marc Michel Bousquet, 1er livre, page 15, que « les frères de Monsieur l'abbé de Choisy le firent émanciper afin de n'avoir pas un tuteur incommode, avec lequel il eût fallu discuter toutes les affaires de la maison, dans le partage des biens maternels. Si l'auteur était jurisconsulte, il saurait que la présence du tuteur est absolument nécessaire pour faire le partage d'un mineur, quoique émancipé.

« Tout à la fin du dernier livre, on avance que la Comtesse des Barres, c'est-à-dire Monsieur l'abbé de Choisy, n'avait que 23 ans quand Roselie fut mariée. Un peu plus d'attention aurait fait apercevoir cette erreur. L'abbé de Choisy vint au monde le 16 d'août 1644, et, de l'aveu de l'auteur, Monsieur le dauphin, né le 1er de novembre 1661, avait environ douze ans quand l'abbé de Choisy reçut de M. de Montausier, gouverneur de ce prince, la réprimande qui l'engagea à se retirer à Bourges, où il prit le nom de Comtesse

des Barres. Or, ce ne fut qu'après avoir longtemps porté ce nom, qu'il maria Roselie, dont
il avait eu un enfant; d'où il résulte qu'il était
au moins âgé de trente ans lorsque du Rosan
épousa cette comédienne. Je n'insiste pas
davantage, parce que cette faute, de même
que la première, se trouve dans l'histoire de
la Comtesse des Barres. Il me semble cependant que l'auteur de la Vie de Monsieur l'abbé
de Choisy aurait dû les rectifier. A l'égard de
la dernière, je ne doute point que ce ne soit
une faute d'impression dans l'histoire de la
Comtesse des Barres et n'y faille lire trente-
trois ans au lieu de vingt-trois ans.» Il possédait, du côté de son père, dix mille livres de
rentes et quatorze mille en bénéfices. Très
facile dans le partage de la fortune de sa
mère, il choisit pour lui les pierreries : boucles d'oreilles de dix mille francs, croix de diamant de cinq mille, et trois bagues. A cela, on
lui permit d'ajouter pour huit mille francs
de meubles et six mille francs de vaisselle
plate. Il abandonna une grande portion de
cette fortune : trente-quatre mille livres d'un
côté et quarante mille de l'autre. Mais que lui
importait? il allait, tout à son aise, pouvoir
« faire la belle ».

C'est alors que s'accentue cette singulière
existence, sous les auspices de Mme de La-

fayette. C'est alors qu'il débute chez Monsieur, dans son rôle de coquette, qu'il danse la courante avec le chevalier de Pradine, qu'il se montre à la comédie et se fait chasser de l'Opéra en s'attirant une algarade de Montausier, — ce qui l'amène à acheter une terre près de Bourges, la seigneurie de Crespon. C'est là que, sous le nom de Comtesse des Barres, il mène une vie excentrique qui est l'objet des mémoires que nous remettons encore une fois au jour.

Dès que l'abbé demeura libre à peu près de mener le train de vie qu'il aimait, il acheta une maison dans le faubourg Saint-Marceau qui dépendait de la paroisse Saint-Médard. C'est dans cette église qu'il accomplissait chaque dimanche ses apparitions, habillé en femme du monde.

« J'avois, raconte-t-il, une stinquerque de Malines, qui faisoit semblant de cacher une gorge ; enfin j'étois bien parée ; je présentais le pain bénit, et j'allai à l'offrande d'assez bonne grâce, à ce que l'on m'a dit, et puis je quétai. Ce n'est pas pour me vanter, mais jamais on n'a fait tant d'argent à Saint-Médard. » Son existence se trouvait donc bien organisée, et son luxe consistait en un carrosse à quatre chevaux, et un autre à deux, un cocher, un postillon servant de portier, un valet de chambre dont la sœur l'habillait. Enfin, il y ajouta trois laquais, un cuisinier, une laveuse d'écuelles, un savoyard pour frotter l'appartement. Mais le plus étrange pour nous, c'est qu'il avait attaché un aumônier à sa maison ; en fin de compte chacun finit par rire avec ce rieur, jusqu'au curé de la paroisse convié à ses dîners et qu'*il*, ou qu'*elle*, va embrasser sur les deux joues un certain après-midi que l'ecclésiastique, lui rendant visite, n'osait prendre cette liberté.

En général, ses costumes se graduèrent ainsi : ou robe de chambre en damas bleu, ou robe d'étoffe de Chine doublée de taffetas noir, dont une touffe de rubans marquait la taille derrière, se relevant de chaque côté d'une jupe de velours. Détail particulier : l'abbé portait toujours deux jupes et voulait que ses manteaux fussent retroussés et maintenus ainsi par de gros nœuds de rubans. Un bonnet de taffetas noir jeté sur une perruque poudrée servait de coiffure. Madame de Noailles ne craignit pas un jour de lui prêter ses pendants d'oreilles en diamants. A cela s'ajoutaient encore cinq ou six poinçons de diamants et de rubis et des mouches.

C'est à vingt-six ou vingt-huit ans qu'il posa devant un artiste nommé Ferdinand, peintre hollandais, auteur du portrait de Mlle de

Regny. Ce Ferdinand a été célébré dans une petite pièce qu'on peut encore retrouver aujourd'hui à l'Arsenal, et intitulée : *Tragicomédie pastorale des Amours d'Astrée et de Céladon*, par le sieur de Raysséguier (Paris, Pierre David, 1632, in-8°); en tête a été placé le sonnet suivant à Mlle de Regny, où l'on exalte le talent du peintre :

Que dans un seul tableau j'ai vu de belles choses,
Que celui qui l'a fait me semble ingénieux,
Quand pour faire un beau teint ses soins industrieux,
Ont détrempé de lait le vermillon des roses.

Qu'amour quoiqu'en peinture est puissant dans ses
[yeux,
Qu'il y tient de douceur et de flammes encloses
Et que sur ce visage on voit partout écloses
De ces grâces qui font la majesté des dieux.

Il mérite l'honneur et la gloire première
D'avoir dans un portrait su tirer la lumière
Et les plus beaux rayons de la divinité.

Mais que ce peintre encore a trahi la nature
Qu'il a grossièrement tiré votre beauté,
Quoiqu'il eût employé tout l'art de la peinture.

L'artiste qui porte ce nom de Ferdinand devait donc posséder une notoriété sérieuse, car cette même mademoiselle de Regny occupait un rang assez élevé. Dans le volume où se trouve le sonnet, on lit encore sur elle une épître où on lui fait remarquer les avantages d'une haute naissance, et où l'on trace un éloge pompeux de son père, mort en travaillant à relever la foi catholique. Il y est relaté également qu'elle a pour aïeul le maréchal de Retz, père de sa mère; pour oncle, l'archevêque de Paris; pour frère, Monseigneur le cardinal de Retz, etc., etc.

« Malgré les années, dit Sainte-Beuve, en parlant de l'abbé, il ne put jamais réparer les fautes de sa première vie, ni couvrir les frivolités de son caractère. Eût-il vécu cent ans, il n'aurait jamais obtenu ce qui s'appelle considération, autorité; mais il sut mériter l'indulgence et l'affection, et il peut encore être étudié aujourd'hui comme une curiosité du grand siècle et comme une gentille bizarrerie de la nature. »

Ailleurs, Sainte-Beuve accentue son dédain:

« Il faut l'entendre décrire ses toilettes et ajustements dans le plus grand détail; il s'y délecte, il s'y étend, il y excelle; c'est là le trait le plus saillant, le plus original de cette vaine et futile nature, et qui trahit à quel point, chez lui, la coquetterie de la femme était innée. On a vu maintes fois le travestissement être un moyen de licence et de désordre, et servir à faciliter des passions, des intrigues; c'est le cas le plus ordinaire. Pour l'abbé de Choisy, qui n'est certes pas exempt de coupables désordres, le travestissement toutefois semble être encore la chose principale, l'attrait le plus vif; il aime le miroir pour le miroir, la toilette pour elle-même, la bagatelle pour la bagatelle. Etre devant une glace à s'adoniser et à faire des mines avec une mouche ou une boucle qui lui sied, ayant autour de lui un cercle qui l'encense et qui l'admire, et qui lui dit sur tous les tons : Vous êtes belle comme un ange! C'est là son idéal et son suprême bonheur. »

Avoir vingt ans en 1666, en 1715 ou en 1774; vingt ans dans le milieu glorieux d'un règne; se sentir emporté facilement dans le courant d'un siècle; se mêler à lui, en mettant partout l'empreinte de sa parole vive, spirituelle et brillante; perdre vingt fois sa fortune et la refaire : voilà ce qui pouvait captiver le mieux un garçon de l'humeur de l'abbé de Choisy. Il en fallait de ces fureteurs d'alcôve; à leur insu ils contribuaient à parachever le monument de l'éducation sociale ; en dépensant leur patrimoine, en vendant telle seigneurie afin d'acheter un meuble précieux ou un bijou florentin, ils réalisaient ce que la bourgeoisie n'eût certainement pas tenté; ils se ruinaient pour le bien de tous en croyant ne satisfaire qu'un désir, une fantaisie individuelle. On les reconnaît nécessaires, ces pourchasseurs de l'inutile, et l'abbé n'étant pas de ceux qui durent regretter de voir leur existence

Aux dieux de la faveur si follement vendue,

y alla carrément, dans sa vie, de toutes ses forces vives, de sa verve, de ses inventions audacieuses. Avec cela, possédant, chose curieuse, un esprit d'ordre dans son désordre; car il profitait des bonnes occasions pour des acquisitions avantageuses :« Madame la marquise du Tronc mourut dans son château, à trois ou quatre lieues de Bourges, ses meubles furent vendus, et j'achetai à fort bon marché deux trumeaux de glace, deux glaces de cheminée, un grand miroir et un chandelier de cristal. » Est-ce qu'on ne sent pas déjà l'amour du bric-à-brac moderne? Dans un autre endroit, il ne se gêne guère pour raconter qu'avec ses vieilles jupes on lui a recouvert des sièges de commodités. Une femme, une Parisienne moderne, n'agirait pas d'une façon plus ingénieuse, dans le but de se resservir des objets

qu'elle cesserait de porter. On se croirait dans
un ménage parisien où, près d'un luxe effréné,
se révèlent souvent certains procédés écono-
miques. Après un séjour de dix ans en Italie,
les faits saillants de son existence se passent
donc en Berry, dans cette seigneurie de Crespon qui, peut-être, dérobe sous cette dénomi-
nation sa situation véritable dans la province.
A propos de Galiot-Gallard, sieur de Poinville,
intendant, en 1658, on lit dans l'Histoire du
Berry et du diocèse de Bourges (in-folio, 1689),
que le plus ancien des intendants de la province de Berry est messire Jean Belot, maître
des requêtes en l'an 1570. Il y en a cinq autres
avant l'installation de ce Galiot-Gallard qui
eut l'initiative des sympathiques réceptions
offertes à la Comtesse des Barres.

Ne semblerait-il pas que ceux des membres
de cette compagnie illustre, siégeant au Pont
des Arts, auraient certainement reçu de nos
jours l'abbé de Choisy sous cette forme satis-
faisante : « Monsieur, eût-on dit au récipien-
daire, le tour de votre caractère n'était pas
précisément décisif, mais vous saviez quand
même imposer votre volonté aussi bien que
s'il se fût agi des intérêts d'une nation. Vous
tirant des pas difficiles par une espièglerie ou
une gentillesse, vous ne jugiez pas nécessaire
d'écrire de gros traités revendiquant l'immo-

ralité du célibat ecclésiastique. Vous prouviez, monsieur, qu'un homme d'esprit peut facilement et sans scandale contenter son humeur, et fouler le droit canonique tout en conservant la considération et les honneurs auxquels un prêtre ne renonce jamais.

« En vous douant d'un visage poupin, d'une taille frêle, en faisant de votre voix cette jolie flûte d'un organe féminin, la destinée vous traçait en quelque sorte le rôle qu'il vous fallait remplir. Tout est acceptable, excepté l'ennui, paraissait-elle vous insinuer. Et dans vos écrits, cette phrase à peine touchée, cette teinte à la Watteau, cette suave odeur de femme que vous avez conservée, même pour mourir, ne doit-elle pas détendre à votre égard les bras des casuistes? Le moyen de se montrer sévère, lorsqu'on juge une créature d'un autre sexe ! — Car vous n'êtes qu'une femme, monsieur l'abbé. Oui, vous êtes bien réellement ce que vous vouliez être, et nous ne pouvons évoquer votre personnalité qu'à la condition de la cueillir délicatement entre les coiffes ou les cornettes de dentelles où elle se plût à sommeiller en attendant que l'Académie vînt lui déclarer que ses faits éclatants lui méritaient son admission au sein des quarante.

« Peut-être, monsieur, dans votre ingé-

nuité ou votre candeur aimable, vous êtes-
vous étonné de cette admission ? Sachez donc
qu'en cette assemblée où Molière n'entra pas, il
est toujours un fauteuil réservé aux médiocri-
tés honnêtes. Comme vous voilà de la maison,
on peut vous divulguer la vérité. Ce fauteuil est depuis la fondation la propriété de
ceux qui n'ont rien écrit et qui n'écriront
jamais. C'est le fauteuil des ducs et celui des
hommes auxquels leur rôle politique exige
aux yeux des masses une sanction qui couvre
la nullité de leur caractère littéraire : cette
sanction, c'est nous qui la donnons. Un grand
seigneur, si vide d'idée et si pauvre de science
qu'il soit, vaudra toujours mieux à nos yeux
qu'un faquin de lettres qui s'avisera d'avoir
quelque talent, et quand on est ce que nous
sommes, il est de haute logique que le privilège de la naissance l'emporte sur les autres.
Il est vrai qu'un brave homme nommé, je
crois, Corneille, qui fit quelques tragédies, n'a
pas été sans influence au sujet de la fondation
de l'Académie. Mais avant tout c'est au glorieux Richelieu qu'elle dut sa gloire et, par
conséquent, il s'agit pour elle de rester fidèle
à cette tradition. Pas plus que ceux qui vous
ont précédé à cette place, et qui vous succé-
deront, vous n'auriez besoin d'esprit afin d'y
arriver. Depuis que nous existons, il est ici

des coins précieux, que les mollets et les tibias des gens de votre sorte suffisent à illustrer.

« Enfin, monsieur, vous vous êtes toujours montré un fils dévoué de l'Église ; dans vos grands désordres, vous restiez au mieux avec le curé de votre paroisse. On vous vit, c'est juste, traverser le sanctuaire dans un costume qui effarouchait les ouailles; mais vos beaux yeux s'élevaient au ciel sous l'effet d'une telle ferveur, vos bras se croisaient si chastement devant votre giron, qu'en vérité ce costume devint un moyen d'édification pour les fidèles, et qu'il aurait fallu vous l'imposer, tant la prière et la méditation prenaient de grâce quand vos jupes balayaient la nef, et quand, la croupe en l'air, vous vous précipitiez à deux genoux sur les dalles.

« Jouissez donc, monsieur, de cette consécration souveraine de votre mérite ; aux uns, nous ne demandons que d'être des policiers de lettres; aux autres, nous ne réclamons que des parchemins. Pas très loin de vous, remarquez un monsieur maigre qui, sous Louis-Philippe, a été quelque chose comme un ministre, et qui s'intitule aujourd'hui économiste. Il est aussi démonétisé que les pièces de cent sous dont il raconte l'histoire. Je crois que son nom de baptême est Frédéric; pour

le reste, ça rime en y. Que votre humeur
gentille ne s'en effarouche pas ; le bonhomme
est imbécile, je vous en préviens, mais vous
pourriez facilement l'éviter ainsi que d'autres.
Quant à moi, monsieur, je prendrai, selon
l'expression de Sainte-Beuve, l'accent d'un
« Anacréon chaste, sobre, attendri.», en vous
répétant à l'oreille :

J'aimai. J'excuse l'amour. »

*
* *

L'école réaliste a mis souvent cette singulière théorie en axiome : que plus on est
commun, plus on est vrai. Ce qui ne tend à
rien moins qu'à la destruction de toute élé-
gance et de toute recherche dans les habi-
tudes. L'abbé de Choisy et les membres de
son école, les Laclos, les Louvet, ont introduit
le ragoût du détail et des délicatesses, là où
les autres s'enfoncent dans l'aplatissement
du fait brutal. Les bûcheurs de vulgarité
d'aujourd'hui traiteront de rococos les entor-
tillements du récit et des inventions de ces
nuits étranges. Mais c'est qu'ici la dépravation
empêche l'auteur, le héros du livre de som-
brer dans la banalité. Ce style habillé par les
tailleurs de Cour, n'est certes pas de ceux qui

soutiendraient l'examen, mais dans sa super-
ficie il a la vérité du sentiment et de la
couleur. Acéré de trempe, Choisy ne l'est pas ;
vigoureux, il ne sait ce que c'est. Mais précisément parce qu'il n'a cure de la critique, on
est certain de trouver chez lui l'impression
exacte ; on ressent à la lecture de ses Mémoires
la chaleur des courtines sous lesquelles il
s'enfonce en serrant Mlle de la Grise ; on
assiste au tapotement qu'il donne contre ces
belles chairs d'une enfant de seize ans, qu'il se
complaît, devant toute une société réunie, à
mettre entre ses jambes. Il décrit alors avec
une ténuité singulière cette débauche d'attou-
chements ; il exprime les ivresses jusqu'à la
dernière gouttelette de volupté ; si bien, qu'au
sortir de cette lecture, il serait impossible de
ne pas trouver insipide l'interprétation du
plaisir simple dépouillé de tous préliminaires,
qu'il prend soin, au contraire, de dégager des
grossièretés et des vulgarités bourgeoises,
pour l'élever jusqu'à un raffinement de suprême
fantaisie.

C'est encore à la Bibliothèque de l'Arsenal
que se trouve un très fameux ouvrage en quatre
volumes, intitulé : *Chansons, poèmes et autres
pièces satyriques*, et auquel l'abbé de Choisy a
collaboré. Ce recueil contient des pièces de
différentes époques et a dû être continué de la

main du marquis d'Argenson, ami de l'abbé.
Parmi ces poèmes il en est quelques-uns qui
sembleraient avoir été composés uniquement
par Choisy. En tête du premier volume se
trouvent les vers suivants :

> Mailly va partout disant
> De quoi Boufflers se plaint tant ;
> Sa femme a fait résistance
> Plus que Namur et Mayence.
>   Lampon !

Voici les autres pièces qui, dans ce Sotisier,
sont attribuées à l'auteur des Aventures de la
Comtesse des Barres. Elles sont au-dessous
du médiocre et n'ont certes pas la saveur
égrillarde que l'on respire dans Maurepas ;
mais, dès l'instant qu'elles se rattachent à la
plume de l'abbé de Choisy, elles doivent figurer ici au nom de la vérité historique.

> Si dans quatre jours une belle
> Ne vous accorde pas cela,
> Le jeu ne vaut pas la chandelle
> Prenés du vin, plantés-la là.

L'autre jour je vis mon époux
    Remenant sa Corine
Qui me dit : où diable allés-vous?
    En me faisant la mine.
Ne faites point l'entendu
    Lui dis-je, bon apôtre!
Vous venez de faire un cocu
    Et moi d'en faire un autre.

Le brave maréchal Lampon
Avec la Mazarine troupe
Vint à nous d'un pas de gascon
Le brave maréchal Lampon.
Mais lorsque ce fut tout de bon
Il nous tourna bientôt la croupe
Le brave maréchal Lampon.

Le gros Colas d'amour épris
    Fit l'autre jour emplette
D'une gaillarde, à Saint-Denis
    Où la nopce fut faitte.
La baisant il fit un grand cri
    Peste, quelle ouverture !
Apprends, lui dit-elle, qu'ici
    C'est la grande mesure.

Le premier jour du mois de mai
Fut le plus beau jour de ma vie
Le beau dessin que je formé,
Le premier jour du mois de mai
Je vous vis et je vous aimé.
Si mon dessein vous pleut, Silvie,
Le premier jour du mois de mai.

Le premier jour du mois de juin
Fut le plus vilain de ma vie,
Je pense baiser la Chouin.
Le premier jour du mois de juin.
Mais un gousset un peu trop fin,
M'en fit bientost passer l'envie
Le premier jour du mois de juin.

Ce n'était pas une pomme
Qu'Ève offrit à son époux,
Elle avait pour tenter l'homme
Quelque chose de plus doux.
Hé ! quoi donc ?
Voulez-vous, qu'on vous le nomme ?
Hé ! fi donc !

SUR LE MARIAGE DE Mlle DE NAVAILLE

AVEC LE DUC D'ELBEUF.

AIR : *Réveillés-vous belle endormie*.

Si vous épousés ce grand grec
Savés-vous ce que vous aurés ?
Tous les jours vous ferés grand'chère
Toutes les nuits vous jeunerés.

Vous aurés un grand équipage,
Tout le jour vous ferés florès.
N'en attendés pas davantage
Car la nuit n'est qu'*ad honores*.

Tous les jours vous serés servie
D'un vieux conte et d'un vieux rébus.
Bon soir et bonne nuit ma mie,
Allés-vous coucher là dessus.

Si vous vouliés prendre pour maître
Un mari plus jeune et plus dru,
Le jour vous jeûnerés peut-être,
Mais la nuit bouche que veux-tu.

Choisissés-bien, quand on vous laisse
La liberté de vos amours
Et sachés que dans la jeunesse
Les bonnes nuits font les beaux jours.

Air de Joconde.

Un jour Pierre voyant Margot
Fut si surpris qu'il n'en dit mot,
Ses yeux furent ses interprètes
Et la regardant en pleurant
Près d'elle cassait des noisettes
Et les mangeait tout doucement.

De transport il était enflé,
Si poussif et si boursouflé
Qu'il en crevait dans sa ceinture.
Margot qui reconnut cela
Prit tant de part à son enflure
Que la pauvre fille en enfla.

AIR.

Madame de la Luberne
A fait faire une lanterne
Des cornes de son mari,
Pour éclairer son ami.

AIR.

Mars et l'Amour tous deux vaillants
Vont en combat différemment.
Mars va tête baissée,
Hé bien !
L'amour tête levée.
Vous m'entendez bien.

Mars et l'Amour hors du combat
Ne sont jamais au même état.
Mars va tête levée
Hé bien !
L'amour tête baissée.
Vous m'entendez bien.

Joconde.

Je passe d'assez doux momens
Dans votre voisinage,
Selon les lieux, selon les tems
Je change de langage :
Je ne vais point en étourdi
Faire éclater ma flamme,
Je suis sage avec le mari
Et fou avec la femme.

Célèbre amante de P...
   Soufrés que votre fille
Fasse un sacrifice à l'amour,
   Dieu de votre famille,
Ce qu'elle voit soir et matin
   Ne la rend point de glace,
Fille, sœur, niepce de P...
   Bon chien chasse de race.

La Montauban d'un air fort doux
   Dit au beau Sennetaire :
Monsieur, pourquoi me chantés-vous
   Devant toute la terre ?
Quittés, quittés les airs malins,
   Il est de la prudence
Que les cocus et les putains
   Usent d'intelligence.

Un gros abbé de mes amis,
   Frais, les lèvres vermeilles
Avec sa mie et ses deux fils,
   Entouré de bouteilles,
Ayant un levreau, deux chapons,
   La perdrix rouge et grise
S'écriait : ha ! que nous soufrons
   A servir sainte Église.

Fille qui prend fàcheux mari
   Dit Philis à Lisette,
Aura toujours le cœur marri
   Vaut mieux dormir seulette.
Philis lui dit : un bon ami
   Est bien mieux notre affaire
Quand il fait la chose à demi
   On n'a qu'à s'en défaire.

Job devait par bien des raisons
  S'armer de patience.
Il vit brûler troupeaux, maisons
  Avec grande constance.
Ce saint homme se consoloit
  De son sort pitoyable,
Mais sa femme qui lui restoit
  Faisoit pis que le diable.

Chacun me dit que mon mari
  Est un foudre de guerre,
Son grand courage fait grand bruit
  Aux deux bouts de la terre.
Pour sa valeur je sai qu'ici
  Elle n'a point de bornes
Car il attaque chaque nuit
  Un grand ouvrage à cornes.

Cependant les pertes de jeu l'ayant à peu
près ruiné, Choisy résolut de se sauver de ses
créanciers. Grâce à l'entremise du cardinal de
Bouillon qui entretint le roi de la nécessité de
créer un coadjuteur au chevalier de Chaumont,
ambassadeur ordinaire auprès du roi de Siam,
le roi consentit à laisser le poste de coadjuteur
d'ambassade à l'abbé qui reçut à ce sujet les
instructions du marquis de Seignelay.

« Je partis deux jours après, dit Choisy,
contre l'avis de tous mes parents en colère —
peut-être pour n'être pas obligés de m'offrir

une pistole. Il n'y eut au monde que le cardinal de Bouillon, qui me donna mille écus.
Les usuriers me fournirent tout le reste qui
m'étoit nécessaire et mirent sur ma tête, à la
grosse aventure. Ils s'en sont bien trouvés par
la suite; mais, pour moi, si j'en ai rapporté
le moule du pourpoint, mes affaires en ont été
dérangées dix ans durant. Il faut bien du
temps à un ecclésiastique pour prendre sur
ses revenus vingt mille livres d'extraordinaire. »

Ce fut en 1685 que l'abbé terminait cette
singulière mission, et se voyait reçu à l'Académie en 1687. Il succédait à M. de Beau-
villiers, duc de Saint-Aignan. Son ancien
voisin et complice, Bussy de Rabutin, dont il
avait secondé les desseins en aidant au rapt
de Mme de Miramion, lui adressa une lettre
louangeuse. « Vous aviez déjà, lui écrit-il,
un beau feu dans l'esprit, quand vous étiez
mon voisin et mon ami; aujourd'hui que vous
n'êtes plus que mon ami et mon confrère,
l'âge a réglé cette vivacité et vous a donné
pour plaire tout ce qui pouvait vous manquer. »

Jusqu'à sa mort son existence est remplie
par ses Relations de voyage, son Histoire
ecclésiastique, sa Vie de David, sa Traduc-
tion des Psaumes. En 1700, l'Académie

décida qu'elle reviserait le dictionnaire ; à l'un
des bureaux l'abbé de Choisy tint la plume, et
l'abbé d'Olivet à un autre. Les deux bureaux
fonctionnèrent rapidement. L'un des recueils
ayant été terminé pendant les trois premiers
mois, on le publia sous ce titre : *Remarques
et décisions de l'Académie française, recueillies
par M. L. T.* (M. l'abbé Tallemant), in-8°,
imprimé à Paris, chez Coignard. Quant au
recueil de l'abbé de Choisy, on n'en permit
pas l'impression à cause de ce style « libre et
gai » qui rappelait celui de son Voyage à
Siam. Au mois de décembre 1723, il répondait
encore à l'abbé d'Olivet, reçu à la place de
M. de la Chapelle. L'année suivante il mourait et l'Académie élisait pour son succes-
seur, M. Portail, premier président Pdu arle-
ment de Paris. A l'éloge officiel que l'on a
prononcé, nous possédons, comme opposition,
ce portrait de Labruyère qui, paraît-il, aurait
exprimé sous le nom de Théodote la personnalité de Choisy.

« Théodote, avec un habit austère, a un
visage comique et d'un homme qui entre sur
la scène. Sa voix, sa démarche, son geste, son
attitude, accompagnent son visage. Il est fin,
cauteleux, doucereux, mystérieux. Il s'approche de vous et il vous dit à l'oreille : Voilà
un beau temps, voilà un beau dégel. S'il n'a

pas les grandes manières, il a au moins toutes
les petites, et celles mêmes qui ne conviennent
guère qu'à un jeune précieux. Imaginez-vous
l'application d'un enfant à élever un château
de cartes, ou à se saisir d'un papillon, c'est
celle de Théodote pour une affaire de rien et
qui ne mérite pas qu'on s'en remue. Il la traite
sérieusement et comme quelque chose qui est
capital. Il agit, il s'empresse, la fait réussir.
Le voilà qui respire et qui se repose, et il a
raison, elle lui a coûté beaucoup de peine.
L'on voit des gens enivrés, ensorcelés de la
faveur ; ils y pensent le jour, ils y rêvent la
nuit. Ils montent l'escalier d'un ministre et
ils en descendent ; ils sortent de son antichambre et ils y rentrent. Ils n'ont rien à lui
dire et ils lui parlent. Ils lui parlent une
seconde fois ; les voilà contents, ils lui ont
parlé. Pressez-les, tordez-les, ils dégouttent
l'orgueil, l'arrogance, la présomption. Vous
leur adressez la parole, ils ne vous répondent
point. Ils ont les yeux égarés et l'esprit aliéné.
C'est à leurs parents à en prendre soin et à les
renfermer, de peur que leur folie ne devienne
fureur et que le monde n'en souffre. Théodote
a une plus douce manie. Il aime la faveur
éperdument, mais sa passion a moins d'éclat.
Il lui fait des vœux en secret, il la cultive, il
la sert mystérieusement. Il est au guet et à la

découverte sur tout ce qui paroît de nouveau
avec les livrées de la faveur. Ont-ils une pré-
tention ? il s'offre à eux, il intrigue pour eux.
Il leur sacrifie sourdement mérite, alliance,
amitié, engagement, reconnaissance. Si la
place d'un Cassini devenoit vacante et que le
suisse ou le postillon du favori s'avisât de la
demander, il appuyeroit sa demande, il le
jugeroit digne de cette place. Il se trouveroit
capable d'observer et de calculer, de parler de
parélies et de parallaxes. Si vous demandiez
à Théodote s'il est auteur ou plagiaire, original ou copiste, je vous donnerois ses ouvrages et je vous dirois : Lisez et jugez. Mais
s'il est dévôt ou courtisan, qui pourrait le déci-
der, sur le portrait que j'en viens de faire ? Je
prononcerois plus hardiment sur son étoile.
Oui, Théodote, j'ai observé le point de votre
naissance. Vous serez placé et bientôt. Ne
veillez plus, n'imprimez plus ; le public vous
demande un quartier. »

Malgré la méchanceté qui règne dans cette
peinture, la forme n'en est pas exempte de
justesse. C'est outré, sans doute ; mais en
parlant de l'importance attachée par son héros à certains détails inutiles, la Bruyère pouvait avoir en vue le journal du Voyage de
Siam, où l'auteur a avoué qu'il écrivait « sur
des pointes d'aiguille. »

Et tout bon royaliste, tout confit en dévo-
tieuse admiration que fût l'abbé pour la personne de Louis XIV, il n'en a pas moins écrit
ces lignes fort significatives : « Je mettrai à la
« lettre, tout ce que je saurai et tout ce que
« j'apprendrai par des voyes sures et secrettes.
« Ces mémoires-ci ne sont pas faits pour être
« imprimés. Je serai content d'eux, pourvu
« qu'ils me fassent passer quelques quarts
« d'heure sur mes vieux jours, et qu'ils
« puissent réjouir mes amis, à qui je me ferai
« un plaisir d'en faire la confidence.

« Et qu'on n'aille pas s'imaginer que ce
« ne sont que des paroles, et que je n'oserais
« faire ce que je promets avec tant de har-
« diesse, pour ne pas dire d'insolence. Je dé-
« clare d'abord que ce que je vais écrire
« demeurera, pendant ma vie, dans l'obscurité
« de mon cabinet ; comment oserais-je parler
« librement du prince et de ses ministres ?
« le pas serait glissant ; si je ne me fais des
« affaires avec eux, ou avec leurs enfants, ce
« ne sera du moins, qu'après avoir pris mes
« mesures pour une séparation éternelle.
« Ainsi, malgré la flatterie, vice dominant de
« tous les siècles, je mettrai sur le papier tout
« ce que je sçaurai de plus secret, et de plus
« vrai ; et je me vante d'en savoir beau-
« coup. »

C'est ainsi qu'il passait une bonne partie de sa vie à tirer quelques détails de ceux qu'il appelait « ses vieux répertoires » : « Je fais parler M. Roze sur le temps du cardinal Mazarin ; j'entretiens M. de Brieuve... je laisse jaser la bonne femme du Plessis-Bellière qui ne radote point ; je tire quelquefois une parole du bon homme Bontemps ; j'en tire douze de Joyeuse, et vingt de Chamarande, qui est ravi qu'on lui veuille tenir compagnie ; il n'y a rien qui délie si bien la langue que la goutte aux pieds et aux mains. »

Comme protraitiste il savait parler des femmes, témoin ce portrait de Mme de Caylus :

« Ses yeux et les ris brillaient à l'envi autour d'elle :

« Son esprit était encore plus aimable que son visage ; on n'avait pas le temps de respirer ni de s'ennuyer quand elle était quelque part. Toutes les Champmeslés du monde n'avaient point ces tons ravissants qu'elle laissait échapper en déclamant ; et si sa gaîté naturelle lui eût permis de retrancher certains petits airs un peu coquets que toute son innocence ne pouvait pas justifier, c'eût été une personne accomplie. »

Mais lorsqu'il peint Mlle de la Vallière, sa compagne d'enfance, il a trouvé la véritable note, et l'on ne dira pas mieux que lui :

« Elle avait le teint beau, les cheveux
blonds, le sourire agréable, les yeux bleus, et
le regard si tendre et en même temps si modeste, qu'il gagnait le cœur et l'estime au
même moment. Au reste, assez peu d'esprit
qu'elle ne laissait point d'orner tous les jours
par une lecture continuelle; point d'ambition,
point de vues : plus attentive à songer à ce
qu'elle aimait qu'à lui plaire ; toute renfermée
en elle-même et dans sa passion, qui a été la
seule de sa vie ; préférant l'honneur à toutes
choses, et s'exposant plus d'une fois à mourir
plutôt qu'à laisser soupçonner sa fragilité ;
l'humeur douce, libérale, timide ; n'ayant
jamais oublié qu'elle faisait mal espérant toujours rentrer dans le bon chemin ; sentiments
chrétiens qui ont attiré sur elle tous les trésors
de la miséricorde, en lui faisant passer une
longue vie dans une joie solide, et même sen-
sible d'une pénitence austère. J'en parle ici
avec plaisir : j'ai passé mon enfance avec elle. »
Et lorsqu'il s'agit de ses amis, de Daniel de
Cosnac par exemple : « C'est un homme d'une
vivacité surprenante, d'une éloquence qui ne
laisse pas la liberté de douter de ses paroles,
bien que, à la quantité qu'il en dit il ne soit pas
possible qu'elles soient toutes vraies. Il est
d'une conversation charmante, d'une inquié-
tude qui fait plaisir à ceux qui ne font que

l'observer et qui n'ont point affaire à lui. »
Quant au signalement moral, Choisy n'y va pas
par quatre chemins, lorsqu'il le montre à la
petite cour du prince de Conti, alors qu'il
n'était que l'abbé de Cosnac : « Cet abbé sous
une figure assez basse avait tout l'esprit, toute
la hauteur et toute l'industrie d'un Gascon qui
veut faire valoir les qualités qu'il n'a pas aux
dépens de celles qu'il a. Il était trop mal fait
pour se faire une intrigue d'amour dans une
cour où cette passion régnait fort : il se jeta
tout à fait du coté des affaires. »

Cependant, Sainte-Beuve a trouvé une toute
autre vérité d'accent en fournissant un paral-
lèle entre Choisy et le cardinal de Rohan :

« Cette coquetterie féminine de toilette que
j'ai relevée dans l'abbé de Choisy, le Cardinal
de Rohan l'avait au plus haut degré, et une
riche dentelle qu'il revêtait avec grâce, était
pour lui un sujet de satisfaction et de triomphe.
Il l'essayait de longtemps devant son miroir
et il avait la faiblesse de s'en servir jusqu'en
montant les degrés de l'autel. Je le vois encore
à Besançon, au début d'une cérémonie ponti-
ficale, dans sa splendeur d'ornements et presque d'atours, lançant au passage une œillade
riante et coquette, parce qu'on lui avait dit
que quelques personnes, arrivées de Paris la
veille, y assistaient. »

N'est-ce pas également pour Choisy, qui se débarrasse de toute entrave, par cette grâce et cet air d'abandon que prend sa plume pour courir, que semblerait créé ce mot inhérent à tout l'art du XVIIIe siècle : le moelleux ? Le moelleux, il l'a gardé aussi bien en se faisant l'historien de la Comtesse des Barres que dans le va-et-vient de son éventail. Cette préoccupation d'avoir bon air, qui restera le rêve de toute sa vie, n'est pas moins curieuse à suivre, dans l'époque qui succède à celle où l'abbé a vécu.

Une publication anonyme, intitulée : *Bagatelles morales*, et portant la date de Londres 1755, nous initie à un curieux détail de mœurs au sujet de ces conventions mondaines dont Choisy s'est montré si fervent observateur :

« Comment, il y a six mois que le sacrement vous lie, et vous aimez encore votre mari ! Votre marchande de modes a le même faible pour le sien, mais vous êtes marquise. Pourquoi cet oubli de vous-même, lorsque votre mari est absent, et pourquoi vous parez-vous lorsqu'il revient ? Empruntez le code de la parure moderne ; vous y lirez qu'on se pare pour un amant, pour le public ou pour soi-même. Dans quel travers alliez-vous donner l'autre jour ? Les chevaux étaient mis pour vous mener au spectacle ; vous comptiez sur

votre mari, un mari français! Vouliez-vous
donner la comédie à la comédie même? Gar-
derez-vous longtemps cet air de réserve si
déplacé dans le mariage? Un cavalier vous
trouve belle, vous rougissez, ouvrez les yeux.
Ici les dames ne rougissent qu'au pinceau. En
vérité, Madame, on vous perdrait de réputation.
Eh quoi! d'abord une antichambre à faire pitié,
des laquais qui se croient à *Monsieur* comme
à *Madame,* qui imaginent qu'ils ne sont en
maison que pour travailler, qui ont un air
respectueux pour un honnête homme à pied
qui arrive, qui tirent une montre d'argent si
on demande l'heure, des laquais sans figure et
qui sont de trois grands pouces au-dessous de
la taille requise!... Vous, Madame, on vous
trouve levée à huit heures : si vous sortiez du
bal, vous seriez dans la règle. Et que faites-
vous? vous êtes en conférence avec votre cuisinier et votre maître d'hôtel.... Enfin il vous
souvient que vous avez une toilette à faire.
Mais que vous en connaissez peu l'importance,
l'ordre et les devoirs! Vous n'avez que dix-
huit ans et vous y êtes sans hommes; on y voit
deux femmes que vous ne grondez jamais.
La première garniture qu'on vous présente
est précisément celle qui vous convient.
La robe que vous avez demandée, vous la
prenez effectivement.... Le dîner sonne et

vous voilà dans la salle de compagnie lorsque la cloche parle encore. N'y a-t-il plus de rubans à placer ? Mais quelle est la surprise de tout le monde ? Votre maître d'hôtel vient annoncer à *Monsieur* qu'il est servi... Après la table vous voulûtes pousser la conversation. Songez que vous êtes à Paris. L'ennui appela bientôt le jeu ; je vous vis bâiller et c'était *la Comète!* un jeu de la cour. A propos, il m'est revenu qu'on le jouait depuis quatre jours lorsque vous demandâtes ce que c'était. Une bourgeoise du Marais fit la même question le même jour... On étala pour intermède les sacs à ouvrage. Qu'est-ce qui sortit du vôtre ? des manchettes pour votre mari. Sera-ce donc en vain que la France aura inventé les *nœuds* pour distinguer les mains de condition des mains roturières? Vous vous placez sans avoir dit aux glaces que vous êtes à faire peur, que vous êtes faite comme une folle... Vous allez aux Tuileries les jours d'opéra et au Palais-Royal les autres jours. Vous faites pis, on vous y voit le matin.... On croirait que vous ne cherchez la promenade que pour bien vous porter. Et lorsque vous y paraissez aux jours marqués et aux heures décentes, comment êtes-vous mise? l'aune de vos dentelles est à cinquante écus.... Que faisiez-vous dimanche dernier dans votre paroisse à dix heures du matin? Déjà habillée!

Et qui croire? sans *sac?* Est-ce ainsi? Est-ce à dix heures? Est-ce dans sa paroisse qu'une femme de condition entend la messe? Est-il bien vrai que vous assistez aux vêpres? Le marquis de *** vous en accuse en disant que vous faites ridiculement votre salut. On pourrait vous passer quelques sermons, mais jamais ceux qui convertissent : une jolie femme est faite pour les jolis sermons : ils s'annoncent assez par l'affluence des équipages et le prix des chaises. Il est ignoble de s'édifier pour deux sols... »

D'après cette mordante instruction on peut voir de quelles préoccupations se remplissait la vie d'une femme de qualité, dont Choisy aimait si fort à copier l'allure. Quoique cette lettre ait été publiée vingt-cinq ans après sa mort, l'infini des détails n'était pas moindre à l'époque où il s'efforçait d'imiter l'existence des coquettes de son temps.

« Nous remarquons, a écrit M. Lacroix, à propos de l'auteur des Mémoires de la Comtesse des Barres, que les historiens du théâtre ont négligé jusqu'à présent de tirer parti des indications précieuses que nous fournissent les aventures de l'abbé de Choisy sur la petite Montfleury et sur la petite Mondory, sur le sieur du Rosan et sur mademoiselle Roselie. « J'étois né, dit-il, pour aimer les comé-

diennes. » La petite Mondory jouait le premier
rôle dans le *Venceslas* de Rotrou, probable-
ment au théâtre du Marais, où son père avait
eu de si grands succès. Le sieur du Rosan et
mademoiselle Roselie, sa fiancée, faisaient
partie d'une de ces troupes de campagne qui
parcouraient les provinces en donnant des
représentations. Ces détails offrent donc un
véritable intérêt pour l'histoire du théâtre
français, où ces noms de comédiens et de
comédiennes ne sont pas encore recueillis. »

*
* *

Il est des écrivains et des peintres qui lais-
seront à ceux qui leur survivent le secret de
deux ou trois taches, de deux ou trois maîtresses touches. Ainsi, comme exemple, prenez une page de Goncourt, vous possédez soit
un morceau d'ambre, soit les fils d'or d'une
étoffe merveilleuse transpercée de soleil, soit
un effet d'harmonie gris-bleu ; ou bien vous
croirez, en froissant cette page entre vos
mains, opérer le rapt des plus adorables couleurs que la terre possède. Au bout des doigts
on gardera le chatoiement laiteux du satin ; à
l'oreille on aura comme un grésillement de
mouches de feu. La volupté de l'esprit se traduit ordinairement en nous par le contact de

la matière, tirée subitement de son argile, ou
par la perception du son. Or, quand il prend
fantaisie d'exhumer du siècle d'avant-hier ces
fanfioles du style de Choisy, qu'un faible
gazouillement du petit collet domine, le plaisir
peut-il se comparer à celui qu'on aurait à fixer
certaines postures effacées, certaines afféteries
d'airs de tête? Nullement; car cet abbé qui
n'a reçu les ordres qu'assez tard, ne nous
apparaît guère que comme une collerette
chiffonnée dont un empesage factice relèvera
seul les tuyaux pour un instant. Cette main
qui ne s'est contournée qu'autour d'un éventail, n'était pas de taille à guider l'allure d'une
plume d'écrivain; cet homme dont le ventre
n'a rien semé de viril, à force de se laisser
piétiner par les talons de ses maîtresses,
empêche qu'on ne voie en lui autre chose
qu'une sorte de mime sourieur qui pourrait à
peine entrer dans le cadre des AMVSEMENS DE
WATTEAU.. On l'évoquera plutôt comme un
profil fusiné, qu'accentué, pour l'esprit de ce trait
large et sinueux qui caractérise les sanguines
du XVIIIe siècle. Que faut-il donc en détacher
de cette existence? Peut-être l'insouciance du
lendemain, le mépris de l'argent, les instincts
d'aventurier, sauvé de l'art des escroqueries
grâce à ce respect de soi-même que tout
homme de race possède malgré tout; mais

quand même ce n'est qu'un viveur qui s'est
trompé, qui a pris les amusements de l'amour
pour la passion elle-même, n'a rien découvert,
rien édifié sous le ressort brutal qu'éveille
dans un cœur d'homme la vie violente de la
chair, il n'en a pas moins travaillé à l'édification de cette société française en train de
constituer ce qui devait s'appeler aux yeux de
toute l'Europe : l'opinion publique, autorité
plus infaillible, du moment qu'elle partait de
Paris, qu'un arrêt du Sacré-Collège ne pouvait l'être sur des millions de consciences. Ce
qui, bientôt, allait prendre pour qualification
la « parfaitement bonne compagnie » débute
par les afféteries des précieuses et les outran-
ces des petits-maîtres. Dans le pli d'une jupe,
le maniéré d'un salut, dans cette aisance de
l'éducation qui en arrive à ce que la femme
avoue hautement ses amants, il reste quand
même un fond sérieux de philosophie, d'esprit,
de bonne humeur, de courage, de générosité,
de grandeur. S'est-on parfois demandé pourquoi ces viveuses avaient le don de se tout
faire pardonner? C'est qu'au fond de ces
désordres l'hypocrisie est absente. La femme
ne se montre pas prude: elle ne se cache pas
pour vivre la vie qu'elle a choisie. Il y a un
immense orgueil dans ce caractère social qui
s'annonce alors, qui juge ne relever que de

lui-même, et n'a de compte à rendre à personne. Un mari n'y est jamais ridicule parce
qu'il n'a pas le rôle bourgeois d'aujourd'hui,
qui consiste à rester si confiné dans sa maison
que rien ne lui échappe de ce qui s'y passe.
La laideur n'y apparaît point. De chaque
conversation jaillit un souffle chaleureux qui
engouffre l'idée dans les mots, dans la phrase.
Qu'une pensée excentrique descende d'une
de ces têtes, quelle que soit l'heure, il faut
qu'elle entre au fond d'une œuvre, qu'elle
vive, qu'elle s'impose. La femme est écrivain,
comédienne, musicienne, danseuse, pleine de
passion, ardente, caressante; et c'est précisément quelque chose de ce caractère du
XVIIIe siècle qui a vécu chez Choisy, puisque
l'on retrouve dans son tempérament les
entraînements et les curiosités qui, chez lui,
précèdent l'heure où elles éclateront dans la
société parisienne.

*
* *

Maintenant il me reste à expliquer pourquoi
cette préface est datée de Bruxelles.

A l'instigation d'amours-propres de magistrats blessés — on sait que rien n'est aussi
saignant que ces amours-propres-là — il m'est
réclamé, de l'administration, six cent trente et

un francs, et je ne sais combien de centimes, pour l'amende de mon roman *Madame Du-croisy*. — Je comprends fort bien que certains magistrats m'en veuillent. Il en est un, sur-tout, parmi les trois vieillards qui ont con-damné le livre, qui nourrit contre son auteur une haine vigoureuse. — Je le tiens de témoi-gnages irrécusables. — Ce brave homme s'est blessé le cerveau de ce que je l'ai « pour-traicturé » — prétend-il — quelque part assez fidèlement. Chacun, au Palais, — m'a-t-on avoué — l'a reconnu, et, certaines maisons, qui le comptent parmi leurs familiers, ont eu, — m'assure-t-on, — une peine atroce à regar-der sans rire cette figure, qui ressemble à celle d'un sanglier derrière une porte. Mais ce digne inamovible n'aurait pas, à lui seul, le pouvoir de m'éliminer de mon pays; la persé-cution part de plus haut.

Bien entendu, je ne m'amuse point à pro-tester. J'explique pourquoi ce livre, qui a le droit de paraître à Paris, comme son aîné, porte la date de Bruxelles; voilà tout. — Ceux qui ont le pouvoir, aujourd'hui, en usent contre ceux qui leur déplaisent; comme demain, les gens qui le tiendront en abuseront à leur tour. La seule chose que j'aie à faire, c'est de prouver que je dis vrai : que — pour moi — la persécution vient d'ailleurs. En effet, on ne peut le contester, l'acharnement de ces poursuites a son initiative dans le gouvernement même. La question d'outrage à la morale n'est là qu'un prétexte. — Je le répète, j'ai des noms à mettre au bout de ma plume, au nombre des adversaires déjà déchaînés; et ces noms sont ceux de représentants du pouvoir.

Trois jours avant mon départ de Paris le Secrétaire particulier du Président de la République, M. Duhamel, à la requête d'un membre de ma famille, qui lui observait que, pour une amende de six cent trente et un francs, il était inouï qu'on imposât, soit une maison où l'on envoie les prostituées — Saint-Lazare —; soit les travaux forcés dans une maison centrale, pour un délit littéraire; ledit M. Duhamel a répondu — en ce qui touchait la maison de prostituées et les travaux forcés, — QUE, SELON LUI, JE NE L'AVAIS PAS VOLÉ.

On n'invente pas ces paroles-là. Elles laissent dans la mémoire une empreinte à l'eau-forte.

Ainsi, voilà un homme qui, en ce qui me concerne, ose répéter, froidement, que je suis l'égale des filles, des voleurs, des assassins, et que les travaux forcés doivent m'être imposés pour avoir pensé et écrit *Madame Ducroisy*. Pourquoi pas la peine de mort? C'est que, sans doute, M. Duhamel juge que je ne souffrirais point assez longtemps. Je ne sais trop à quoi il sert d'avoir, à la Préfecture de police, un de ces dossiers d'où il appert cette conclusion avec laquelle j'ai le droit de souffleter tous les présidents de la terre : *Vie privée inatta-quable ?*

Remarquons que si, par hasard, M. Zola était poursuivi pour le même délit que l'auteur des *Dévoyés* — ce qu'à Dieu ne plaise, — il purgerait sa condamnation à Sainte-Pélagie. Mais moi, exceptionnellement, il paraît *que je n'aurais pas volé* — selon l'expression de M. Duhamel — que ce même délit amenât comme résultat mon envoi au BAGNE.

J'ai rapporté cette parole : 1° Parce que son auteur ne pourrait y voir une diffamation que s'il ne l'eût pas prononcée ; 2° parce que je me crois le droit de dévoiler, sans autre commentaire, ce que le lecteur ignore trop : l'effrayant et monstrueux arbitraire dont je suis l'objet.

Une chose qui n'étonnera personne, c'est que j'excuserais l'auteur de ces bizarres paroles, si elles avaient trait à la secte entière des lettres qu'il prétendrait ne pas réprimer de façon trop énergique. On peut reconnaître extraordinaire que des statuts de la loi déclarent qu'un romancier qui n'a pas commis de crime politique, qui n'a fait qu'inventer une intrigue et développer une action plus ou moins

intéressante pendant trois ou quatre cents
pages, fût assimilé l'égal d'un forçat ayant frac-
turé un coffre-fort. Mais enfin, le jour où l'on
arrêtera qu'il faut fusiller les gens de lettres,
coupables d'avoir outragé les mœurs, je jugerai
tout naturel de l'être aussi, étant admis que
j'aurai commis le délit.

Ce que je me permets de trouver moins
naturel et peut-être exclusif, c'est que le fait
d'outrage à la morale puisse être purgé — pour
tous les gens de lettres, à Sainte-Pélagie — et
pour moi, exceptionnellement, AU BAGNE. Là,
j'avoue que ma raison, malgré l'énormité de
ses efforts, afin de saisir la logique de cette
clause, manque absolument d'étendue pour
l'accepter, et je ne pense pas que le lecteur
y arrive mieux que moi. Peut-être que c'est
tout simple, après tout, et que si, par hasard,
je passe jamais en cour d'assises, au sujet
d'un autre crime de presse, ce même M. Duhamel décrétera alors, qu'à mérite égal, si l'on
dirige mon voisin de tel journal sur Nouméa,
on doive m'envoyer, MOI, à l'échafaud.

Un nouvel incident vient encore de surgir
à mon sujet. Ce même gouvernement français,
qui a ses petites rancunes ni plus ni moins
qu'un huissier ne rencontrant pas de meubles
à saisir chez un débiteur, a essayé, sans en
avoir l'air, de me faire expulser de Bruxelles.

Un certain matin j'ai dû aller recevoir ma *feuille de route,* agrémentée de cette clause assez peu rassurante, qu'il me restait cinq jours pour laisser à la ville son courant d'onde pure dans lequel j'étais soupçonnée de vouloir verser du poison.

J'avoue que je restai aussi étonnée que l'aurait été M. Gambetta s'il lui était arrivé de voir un fusil partir entre ses mains, ou si l'on surprenait l'un des hommes à toque de la 11e chambre, à peu près convenable pour un journaliste. Mais comme les fonctionnaires du pays où j'habite provisoirement sont, avant tout, gens bien élevés, je n'hésitai pas à les visiter. Il paraît que mon doux pays, grâce à la plume des policiers de la maison du boulevard du Palais, m'avait habillée des plus terrifiantes couleurs.

La femme Olympe A. — ou plutôt « la dame », pour ne pas parler comme M. le *premier* du tribunal — qui vend' ses nuits, à défaut de ses livres, celle qui fait du spiritisme à jet continu, cette grosse personne, jadis blonde, à qui la dame de compagnie de la princesse Soutz, Mme D... a payé la robe qu'elle portait à sa dernière conférence — robe achetée à la Place Clichy —; cette digne pécore pour qui l'administration de M. Cochery a été créée tout exprès afin de prouver qu'elle est' ma

débitrice de quelques louis que je lui ai en-
voyés à Saint-Pétersbourg peu de temps après
qu'une autre somme assez importante encore
était prêtée par moi, criait depuis des mois
à mon sujet, inventant diffamations et calom-
nies, à en gagner une extinction de voix. —
Il y a deux ans que la brave dame enrage
ainsi et que, dans ses délations parlées au
milieu de certain cercle intime du Palais-
Royal et ailleurs, délations dans lesquelles elle
englobe les gens de lettres constituant la
petite colonie de Maisons Laffite, elle réclame
leur tête et la mienne, avec son « assent »
marseillais. — Ce fut moi, il paraît, qui de-
vais payer pour tous. — En dernier lieu, les
salariés subalternes de la haute et basse police
manœuvrèrent si gentiment, qu'ici, à entendre
l'écho de leurs rapports, on me jugeait sus-
ceptible de jeter un sort sur les récoltes et
« d'envoûter » qui bon me semblerait. Naturellement l'exagération a ses réactifs, et je
m'en aperçus de suite. L'employé, préposé à
constater en marge de mon passe-port les
bosses de la criminalité, crut sans doute que
la personne qui se présentait devant lui n'était
pas la vraie qu'on voulait viser, car il m'engagea vite à m'adresser au chef supérieur de
l'administration, — ce que je fis.

Je n'ai pas besoin d'insister à propos de

certains entretiens que j'eus au Ministère de
la Justice. Je n'ai pas non plus à m'étonner
de la politesse sérieuse de ses fonctionnaires;
il n'y a que chez nous où les gens du greffe
criminel poursuivent leur avancement à force
d'insolence. Ici, les administrateurs de la
sûreté sont des gens du monde, qui n'ont pas
renoncé à la bonne éducation en acceptant
certaines missions.

Il advint donc, qu'accusée par la Préfecture
de Police de Paris d'avoir répandu certaines
doctrines socialistes, — à l'aide des *Dévoyés*
et de *Madame Ducroisy*, j'obtins une enquête
au sujet des romans en litige et que le Ministre de la Justice, M. Bara, consentit, après
avoir soumis à l'étude les deux œuvres en
question, à suspendre les ordres d'expulsion
et à m'accorder le permis de séjour en Bel-
gique.

Je n'ai qu'une remarque à ajouter : Si je ne
crois pas devoir me confondre en génuflexions
pour n'avoir pas été massacrée, si je ne vois
dans le fait de cette révocation d'une mesure
barbare qu'une chose qui m'était due et dont
je n'ai pas à m'ébahir, je dirai qu'à Bruxelles
où la Constitution est monarchique, il suffit
de quelques jours afin que justice impartiale
soit rendue a un écrivain suspecté un instant.
Avec une loyauté assez rare, on consent à

revenir sur un ordre donné trop vite à la suite
de fausses imputations. Enfin les magistrats
français y sont soumis à caution, ce qui n'est
pas un mince avantage. A Paris, le Président
de la République, ou ceux qui le remplacent,
ne s'occuperaient seulement pas cinq minutes
d'un homme de lettres qui viendrait requérir
leur intervention. Je suppose que celui qui se
flatterait de leur arracher une signature annu-
lant un arrêt inique se verrait traduit à toutes
les barres, et les porteurs de bonnet à galons
d'argent tireraient une langue de plusieurs
aunes de drap rouge tant ils manqueraient de
salive pour éjaculer la longueur de leur sentence.

En cet Etat du Brabant, où la vieille autorité royale est en vigueur, l'opprimé qui a
quelque droit peut espérer être entendu. Il
m'a été facile de prouver que si j'ai été condamnée pour outrage à la morale, ce n'est pas
que je l'aie jamais bravée, c'est pour avoir été
totalement dépourvue d'onction, — j'aime à le
reconnaître, — chaque fois que j'ai parlé des
magistrats, dont nous sommes les serfs, la
valetaille, et dont je dois assouvir à perpétuité
les ardeurs féroces et les basses rancunes.

Il y a quelque temps, un homme de lettres,
M. Pierre Malvezin, dont le jugement au sujet
d'un livre intitulé : *la Bible Farce* avait été

cassé par la Cour d'appel, a vu son jugement rétabli subitement sans qu'on l'en ait seulement averti ; on est venu le chercher en voiture cellulaire ; à sa demande on l'a emmené au Dépôt et le sieur X. Y. Z. l'a ensuite fait écrouer à Sainte-Pélagie après lui avoir préalablement mis les menottes. Tout ce que le sieur X. Y. Z. peut appliquer de tortures, il l'applique ; tout ce qu'il est possible d'assumer sur quelqu'un envers qui il ressent une animosité personnelle, il le tente. Cet homme est né tortionnaire ; il faut le voir se frotter les mains quand·la loi lui' apporte un prisonnier à tourmenter. C'est à n'y point croire. Ceux-là seuls qui l'ont approché savent si je dis la vérité. La manie de cet homme est de se figurer qu'il s'occupe de journalisme. Il aime à se montrer avec une paire de ciseaux, comme s'il venait de couper des articles pour les rabouter à sa prose. On se demande, dans le monde de la presse, comment le procureur de la République, M. Delise, homme courtois par excellence, magistrat qu'il serait impossible de ne pas respecter, même quand on a subi les effets de sa sévérité, on se demande comment M. Delise peut tolérer que cet employé use d'autant d'arbitraire à l'égard de gens de lettres mis par ce fonctionnaire plus bas que des voleurs et des assassins.

Un autre exemple non moins flagrant qu'il y a du Torquemada dans certains présidents de chambre, est l'acte attribué à M. Rocroy, substitut; — nous n'inventons rien, dans le fait, nous ne faisons que le relever dans son effrayante brutalité.

On lit dans la *Lanterne* du jeudi 11 mars 1880 :

LES ÉTRENNES D'UN MAGISTRAT

« Magistrats, gens de police, au moins pour la plupart, sont habitués à voir souffrir et à faire souffrir. Volontiers ils en arrivent à se considérer comme une espèce à part, dépourvue de toute solidarité avec le reste de l'humanité. Leurs nerfs deviennent des fils de fer incapables de toute vibration. Et puis, pour eux, la loi est toujours indulgente aux grands, dure aux petits.

« Aujourd'hui il s'agit d'une femme. Elle avait commis un vilain acte que nous n'excusons pas.

« Cette femme, veuve Specht, âgée de cinquante-quatre ans, tenait une petite crémerie à Montrouge. Elle fit ce que font trop souvent ses collègues : elle falsifia son lait, et, pour ce fait, dans le mois de septembre, 1879, fut condamnée à huit jours de prison et 50 francs d'amende.

« Soit.

« Pendant ce temps, son fils, âgé de vingt-quatre ans, piqueur à la préfecture de la Seine, se préparait à passer ses examens de conducteur.

« Épuisé par excès de travail, il tomba atteint d'une phtisie galopante.

« Le 20 décembre dernier, il était alité, à toute extrémité. Sa mère reçoit une lettre l'invitant à passer au parquet pour affaires la concernant.

« Elle y alla et comparut devant M. Rocroy, substitut du procureur de la République. Celui-ci lui signifia qu'il l'envoyait à Saint-Lazare purger sa condamnation.

« Alors, elle le pria et le supplia de lui accorder un sursis de quelques jours; elle lui dit que son fils allait mourir.

« Le substitut « qui les connaissait toutes » et « à qui il ne faut pas la faire » haussa les épaules. Elle se mit à ses genoux, elle lui demanda un sursis de deux heures pour installer quelqu'un auprès de son fils.

« — Qu'est-ce que ça me fait, tout cela? aurait répondu M. Rocroy.

« Et évidemment il pensait :

« — Eh bien, en voilà une mère ! c'est insuportable ces choses-là, mais il faut être ferme! toutes ces mères, ces femmes, ces malheureux sont assommants! si on les écoutait tous!...

« En homme fort « qui ne s'y laisse pas prendre », il sonna. Quatre gardes municipaux se présentèrent :

« — Emportez cette femme!

« Elle lui jeta une dernière prière, demandant qu'il la fît accompagner chez elle.

« La porte se referma; elle fut emmenée à Saint-Lazare, laissant sa petite boutique abandonnée, son fils mourant. Elle demanda à écrire de la prison. La lettre parvint-elle? ne parvint-elle pas? En tous cas, son fils resta seul, sans secours.

« Le maire de Montrouge, M. Raverot, écrivit au préfet de police. Rien n'y fit.

« Elle sortit de Saint-Lazare le 1er janvier; son fils mourait le 4. A grand'peine elle put vendre sa petite boutique 200 francs. La mort, la ruine, voilà ce qu'elle a trouvé pour ses étrennes. M. le substitut Rocroy est-il content? »

Cela ne fait-il pas dresser les cheveux sur la tête? Et quand on pense que ces cruautés flagrantes se réitèrent pendant trois cent soixante-cinq jours consécutifs! Quand on pense que lorsqu'un de ces hommes a juré

d'exterminer une existence, il a le POUVOIR de
l'exterminer; qu'il a, à son gré, la faculté de
faire mutiler par des agents, la victime de sa
fureur, quitte à se désolidariser d'eux après;
qu'il est le maître, le maître absolu, le maître
comme jamais souverain ne s'est arrogé de
l'être, le maître de la chair, le captateur de
l'esprit de l'inculpé, qu'il a le droit de menacer,
d'intimider, d'effrayer, d'ahurir, de terroriser,
pour l'obliger à signer ce qu'on veut qu'il signe;
quand on songe, enfin, que ces gens en veulent
quand même à toute conscience droite, à
toute existence hautainement acceptée loin de
leur fréquentation, les esprits les plus soumis,
les moins récalcitrants à l'autorité se sentent
envahis d'effroi. L'on se demande comment
tout cela finira, comment il se fait qu'une
aussi mince portion d'individus jouisse aussi
effrontément de l'impunité et garde sans sou-
lever autre chose que des cris d'indignation
qui percent, malgré leurs efforts pour les étouf-
fer, le privilège discrétionnaire de nous prendre dans nos maisons, de nous bafouer, de
nous supplicier selon leurs caprices, soit parce
qu'ils se trouvent vexés qu'un de leurs juge-
ments ait été cassé en appel, — comme celui
de M. Malvezin — soit parce qu'ils se sont
reconnus dans les personnages d'un roman
qui les seringue de son encre, qui leur laboure

le front de la plume de son auteur, ainsi que certain président de ma connaissance s'est vu traiter dans les *Dévoyés* et dans *Madame Ducroisy.*

Donc, ils nous prennent, ils nous mangent à petites bouchées ; les lambeaux de notre chair sortent de leur bouche, notre sang jute à leurs lèvres ; leurs mains griffues nous déchirent, nous déchirent sans cesse. Ils nous provoquent, ils nous font — si nous invoquons une image juste — lier les mains pour nous chatouiller, nous tirer les cheveux et nous empêcher de nous soustraire à ce genre de torture. Ils nous injectent de leur salive, ils nous font bâillonner ; et quand nous déclarons leur forfaiture, ils répliquent que nous en avons menti. Ils sont les maîtres, entendez-vous ? les maîtres, les maîtres, les maîtres !

Après eux, soyez à tout jamais livrées à l'exécration publique, femme Olympe A., femme Ugal..., Jenny Vial..., femme Rouv..., qui rendez des services à l'administration pour qu'on vous tolère votre spiritisme, prétexte de réunions afin d'attirer les hommes dont vous videz les bourses, afin qu'on ferme les yeux au sujet de vos nuits de trafiquantes, de vos marchés ignobles touchant les mariages que vous aidez à contracter autour des tables tournantes, quand les mains se rencontrent au bord du

guéridon et que les pieds s'entrelacent en dessous. Soyez à tout jamais flétries, délatrices,
tireuses de cartes, sorcières hideuses qui
mélangez le bas-bleuisme et la musique à l'art
des proxénètes, et dont un jour de futures
révélations concernant la maison de M. An-
drieux, divulgueront peut-être enfin les noms
que quelques gens de lettres ne se gênent pas
pour prononcer à haute voix, afin qu'on puisse,
au moins à tour de rôle, vous administrer la
fessée du carrefour.

*
* *

Maintenant, j'ai expliqué comment cette
brève notice ne paraissait pas à Paris. L'exil
que je subis en est la cause. Déjà, dans les
Vestales de l'Eglise, l'abbé avait fortement
déplu. Ni plus ni moins, il fut traité comme
un vulgaire intrigant, par certain substitut de
la République qui l'arrangea haut la main. Il
m'eût été impossible, en France, de tenter la
moindre retouche à cette figure, de la dégager
des étroitesses de la convention et de la profi-
ler à mon aise. On la déclarait propre à scan-
daliser les honnêtes gens : cela suffisait.
Cependant, je crois que l'on reviendra encore
à l'abbé de Choisy à maintes reprises. On voudra arrêter les courbes de ce profil perdu qui,

malgré tout, prolonge son ombre légère dans le cerveau des bibliophiles. On voudra voir succéder à sa forme vague, indécise, platonique, une forme solide énergiquement accusée ; car, il est certaines personnalités historiques sur lesquelles on s'acharne sans cesse, quelque peu importantes qu'elles soient ; il suffit, pour cela, qu'elles aient fait courir en nous la sensualité de leur souffle, ou qu'elles nous aient fait ressentir les finesses de leur contact.

Terminons cette étude en apportant ici le témoignage des contemporains de l'abbé. Un des plus importants est celui de M. Portail, premier président du Parlement de Paris, reçu à l'Académie à la place de l'abbé de Choisy. Nous transcrivons ici un fragment de son discours de réception :

« Parmi cette foule d'auteurs célèbres qui sont sortis de cette source pure et féconde (l'Académie française) et qui ont répandu votre réputation dans toute l'Europe, s'était distingué l'illustre confrère que nous regrettons.

« Issu d'une race noble, né dans le sein de la politesse, élevé dans le commerce continuel des compagnies les plus choisies, et des esprits les plus ornés, il sut y puiser cette douceur de mœurs, ces grâces naturelles, cet esprit d'insinuation et d'enjouement, qui le rendaient aimable à tout le monde. Brillant et plein de saillies dans la conversation, ami fidèle, officieux, empressé à plaire, il possédait l'art de se faire désirer partout. Habile à mettre à profit tous les événements de la fortune; si les conjectures le portèrent jusque chez les nations les plus éloignées, ce fut pour y soutenir un caractère de représentation et de dignité. Bientôt il y a acquis des connaissances devenues utiles à sa patrie, par ces relations si propres à satisfaire la curiosité du lecteur, et où il a trouvé le secret d'instruire en amusant, et d'intéresser sa matière et son sujet ».

M. de Valincour répondit à M. Portail de la manière suivante :

« M. l'abbé de Choisy était fort assidu aux exercices de l'Académie ; et jamais homme ne fut plus propre à s'attirer l'estime et l'amitié de ses confrères. Officieux, et plein d'une politesse qui n'avait rien d'affecté, toujours prêt à louer les autres, et ne parlant jamais de lui-même qu'avec modestie; il portait sur son visage cette gaieté douce et tranquille qui, n'ayant rien de l'emportement d'une joie immodérée, se communique insensiblement à ceux à qui l'on parle, et fait toujours la douceur de la conversation.

« Ceux qui ne l'auront jamais vu le trouveront tout entier dans ces aimables lettres où l'on l'entendra parler, et où il raconte avec tant de grâce et de naïveté, les particularités de son voyage de Siam. Mais ce qu'on ne saurait assez louer en lui, c'est la candeur qui paraissait dans tous ses entretiens, et où son cœur parlait plus haut que sa bouche.

« Il est des hommes extraordinaires, qui naissent avec une inclination si dominante pour les lettres, et avec des talents si singuliers pour y réussir, qu'on croit que la nature les ait uniquement destinés à être les maîtres et les modèles.

« Ils se trouvent poètes ou orateurs avant que d'avoir songé à le devenir. Souvent ils ne travaillent pas d'après les règles ; mais les observations qu'on fait sur leurs ouvrages, deviennent les règles de leur art. Permettons à ces esprits de premier ordre, quand le ciel en a fait naître, de se tracer eux-mêmes des routes particulières, et de suivre le germe qui les entraîne hors du chemin commun, des emplois ordinaires de la vie civile. »

Ainsi vécut et mourut François Timoléon de Choisy, prieur de Saint-Lô, de Rouen, de Saint-Benoist-du-Sault et de Saint-Gelais, doyen de l'Académie française, ci-devant abbé de Saint-Seine en Bourgogne, et grand-Doyen de l'église Cathédrale de Bayeux.

Ainsi disparut celui qu'on avait tour à tour exilé comme *une fille*, et célébré plus tard comme un héros :

> Car il est des héros de plus d'une manière ;
> Il en est de justice, il en est de bréviaire.

MARC DE MONTIFAUD.

Bruxelles, avril 1884.

I

PREMIÈRES INTRIGUES DE L'ABBÉ DE CHOISY SOUS LE NOM DE MADAME DE SANCY

Vous m'ordonnez, Madame, d'écrire l'histoire de ma vie; en vérité, vous n'y songez pas. Vous n'y verrez assurément ni villes prises ni batailles gagnées; la politique n'y brillera pas plus que la guerre. Bagatelles, petits plaisirs, enfantillages, ne vous attendez pas à autre chose; un naturel assez heureux, des inclinations douces, rien de noir dans l'esprit, joie partout, envie de plaire, passions vives, défauts dans un homme, vertus du beau sexe, vous en serez

1.

honteuse en lisant, que serai-je donc en écri-
vant ? J'aurai beau chercher des excuses dans
la mauvaise éducation, on ne m'excusera
point. Voilà bien des discours inutiles ; vous
commandez : j'obéis ; mais trouvez bon,
Madame, que je ne vous obéisse que par par-
ties ; j'écrirai quelque acte de ma comédie,
qui n'aura aucune liaison avec le reste ; par
exemple, il me prend envie de vous conter les
grandes et mémorables aventures du faubourg
Saint-Marceau.

C'est une étrange chose qu'une habitude
d'enfance ; il est impossible de s'en défaire :
ma mère, presque en naissant, m'a accoutumé
aux habillements de femme ; j'ai continué à
m'en servir dans ma jeunesse ; j'ai joué la
comédie cinq mois durant sur le théâtre d'une
grande ville, comme une fille ; tout le monde
y étoit trompé ; j'avois des amants à qui j'ac-
cordois de petites faveurs, fort réservé sur les
grandes ; on parloit de ma sagesse. Je jouis-
sois du plus grand plaisir qu'on puisse goûter
en cette vie.

Le jeu, qui m'a toujours persécuté, m'a
guéri de ces bagatelles pendant plusieurs années, mais toutes les fois que je me suis ruiné
et que j'ai voulu quitter le jeu, je suis retombé
dans mes anciennes faiblesses et suis redevenu
femme.

J'ai acheté dans ce dessein une maison au faubourg Saint-Marceau, au milieu de la bourgeoisie et du peuple, afin de m'y pouvoir habiller à ma fantaisie parmi des gens qui ne trouveroient point à redire à tout ce que je ferois. J'ai commencé par me faire repercer les oreilles, les anciens trous s'étant rebouchés; j'ai mis des corsets brodés et des robes de chambre or et noir, avec des parements de satin blanc, avec une ceinture busquée et un gros nœud de rubans sur le derrière pour marquer la taille, une grande queue traînante, une perruque fort poudrée, des pendants d'oreilles, des mouches, un petit bonnet avec une fontange. D'abord, j'avois seulement une robe de chambre de drap noir, fermée par devant avec des boutonnières noires qui alloient jusques en bas, et une queue d'une demi-aune, qu'un laquais me portoit, une petite perruque peu poudrée, des boucles d'oreilles fort simples, et deux grandes mouches de velours aux tempes. J'allai voir monsieur le curé de Saint-Médard, qui loua fort ma robe, et me dit que cela avoit bien meilleure grâce que tous ces petits abbés avec leurs justaucorps et leurs petits manteaux qui n'imprimoient point de respect; c'est à peu près l'habit de plusieurs curés de Paris. J'allai ensuite voir les marguilliers qui m'avoient loué un banc vis-à-vis la chaire du prédica-

teur, et puis je fis toutes les visites de mon
quartier, la marquise d'Usson, la marquise
de Menières et toutes mes autres voisines ; je
ne me mis point d'autres habillements pendant
un mois, et ne manquai point d'aller tous les
dimanches à la grand'messe et au prône de
monsieur le curé, ce qui lui fit grand plaisir.
J'allois, une fois la semaine, avec monsieur le
vicaire, ou monsieur Garnier, que j'avois
choisi pour mon confesseur, visiter les pauvres
honteux, et leur faire quelques charités. Mais
au bout d'un mois, je défis trois ou quatre
boutonnières du haut de ma robe, pour laisser
entrevoir un corps de moire d'argent, que
j'avois par-dessous ; je mis des boucles d'oreilles de diamants, que j'avois achetées, il y avoit
cinq ou six ans, de monsieur Lambert, joaillier ; ma perruque devint un peu plus longue
et plus poudrée et taillée en sorte qu'elle laissoit voir tout à plein mes boucles d'oreilles, et
je mis trois ou quatre petites mouches autour
de la bouche ou sur le front. Je demeurai
encore un mois sans m'ajuster davantage, afin
que le monde s'y accoutumât insensiblement
et crût m'avoir vu toujours de même ; ce qui
ne manqua pas d'arriver.

Quand je vis que mon dessein réussissoit,
j'ouvris aussitôt cinq ou six boutonnières du
bas de ma robe, pour laisser voir une robe de

satin noir moucheté, dont la queue n'étoit pas
si longue que celle de ma robe ; j'avois encore
par-dessous un jupon de damas blanc, qu'on
ne voyoit que quand on me portoit la queue.
Je ne mettois plus de haut-de-chausses ; il me
sembloit que cela ressembloit davantage à une
femme, et je ne craignois point d'avoir froid :
nous étions en été. J'avois une cravate de
mousseline, dont les glands venoient tomber
sur un grand nœud de ruban noir, qui étoit
attaché au haut de mon corps de robe, ce qui
n'empêchoit pas qu'on ne me vît le haut des
épaules qui s'étoient conservées assez blanches par le grand soin que j'en avois eu toute
ma vie ; je me lavois tous les soirs le col et le
haut de la gorge avec de l'eau de veau et de
la pommade de pieds de mouton, ce qui faisoit que la peau était douce et blanche.

Ainsi, peu à peu, j'accoutumai le monde à
me voir ajusté. Je donnois à souper à madame
d'Usson et à cinq ou six de mes voisines,
lorsque monsieur le curé me vint voir à sept
heures du soir ; nous le priâmes de souper avec
nous ; il est bon homme, il demeura.

— Désormais, me dit madame d'Usson, je
vous appellerai madame.

Elle me tourna et retourna devant monsieur
le curé, en lui disant :

— N'est-ce pas là une belle dame ?

— Il est vrai, dit-il ; mais elle est en masque.

— Non, monsieur, lui dis-je, non ; à l'avenir, je ne m'habillerai plus autrement ; je ne porte que des robes noires doublées de blanc, ou des robes blanches doublées de noir ; on ne me sauroit rien reprocher. Ces dames me conseillent, comme vous voyez, cet habillement, et m'assurent qu'il ne me sied pas mal ; d'ailleurs, je vous dirai que je soupai, il y a deux jours, chez madame la marquise de Noailles ; monsieur son beau-frère y vint en visite, et loua fort mon habillement, et devant lui toute la compagnie m'appeloit *madame*.

— Ah ! dit monsieur le curé, je me rends à une pareille autorité, et j'avoue, madame, que vous êtes fort bien.

On vint avertir que le souper étoit servi ; on demeura à table jusqu'à onze heures, et mes gens reconduisirent monsieur le curé.

Depuis ce temps-là, je l'allai voir et ne fis plus de façon d'aller partout en robe de chambre, et tout le monde s'y accoutuma.

J'ai cherché d'où me vient un plaisir si bizarre, le voici : le propre de Dieu est d'être aimé, adoré ; l'homme, autant que sa faiblesse le permet, ambitionne la même chose ; or, comme c'est la beauté qui fait naître l'amour, et qu'elle est ordinairement le partage des

femmes, quand il arrive que des hommes ont
ou croient avoir quelques traits de beauté qui
peuvent les faire aimer, ils tâchent de les aug-
menter par les ajustements des femmes, qui
sont fort avantageux. Ils sentent alors le plaisir inexprimable d'être aimés. J'ai senti plus
d'une fois ce que je dis par une douce expé-
rience, et quand je me suis trouvé à des bals
et à des comédies, avec de belles robes de
chambre, des diamants et des mouches, et que
j'ai entendu dire tout bas auprès de moi :
« Voilà une belle personne ! » j'ai goûté en
moi-même un plaisir qui ne peut être comparé
à rien, tant il est grand. L'ambition, les
richesses, l'amour même, ne l'égalent pas,
parce que nous nous aimons toujours mieux
que nous n'aimons les autres.

Je donnois de temps en temps et assez souvent à souper à mes voisines ; je ne me piquois
point de faire des festins ; c'étoit ordinairement
les dimanches et les fêtes ; les bourgeois sont
plus propres ces jours-là et n'ont qu'à se
réjouir.

Un jour que j'avois prié madame Dupuis et
ses deux filles, monsieur Renard, sa femme,
sa petite fille qu'on appeloit mademoiselle
Charlotte, et son petit-fils qu'on appeloit monsieur de la Neuville, il étoit six heures du soir,
nous étions dans ma bibliothèque qui étoit

fort éclairée; un lustre de cristal, bien des miroirs, des tables de marbre, des tableaux, des porcelaines, le lieu étoit magnifique. Je m'étois fort ajusté ce jour-là ; j'avois une robe de damas blanc, doublée de taffetas noir, la queue traînoit d'une demi-aune ; un corps de grosse moire d'argent qu'on voyoit entièrement, un gros nœud de ruban noir au haut du corps, sur lequel pendoit une cravate de mousseline avec des glands, une jupe de velours noir dont la queue n'étoit pas si longue que celle de la robe, deux jupons blancs par dessous, qu'on ne voyoit point — c'étoit pour n'avoir pas froid, car depuis que je portois des jupes, je ne me servois plus de haut-de-chausse, je me croyois véritablement femme. — J'avois ce jour-là mes belles boucles d'oreilles de diamants brillants, une perruque bien poudrée et douze ou quinze mouches. Monsieur le curé arriva pour me rendre visite; tout le monde fut gai de le voir : il est fort aimé dans la paroisse.

— Ah ! madame, me dit-il en entrant, vous voilà bien parée ! Allez-vous au bal ?

— Non, monsieur, lui dis-je, mais je donne à souper à mes belles voisines, et serois bien aise de leur plaire.

On s'assit, on dit des nouvelles (monsieur le curé les aime fort). On trouvoit toujours sur ma table les *Gazettes*, les *Journaux des Savants*, les *Trévoux* et les *Mercure galant*, et chacun prenoit ce qu'il aimoit le mieux. Je lui fis lire une petite histoire qui étoit dans le *Mercure* du dernier mois, où il étoit parlé d'un homme de qualité qui vouloit être femme à cause qu'il étoit beau, à qui on faisoit plaisir de l'appeler madame, qui mettoit de belles robes d'or, des jupes, des pendants d'oreilles, des mouches, qui avoit des amants.

— Je vois bien, leur dis-je, que cela me ressemble, mais je ne sais si je dois m'en fâcher.

— Ah ! pourquoi, madame, dit mademoiselle Dupuis, pourquoi vous en fâcher ? Cela n'est-il pas vrai ? D'ailleurs, dit-il du mal de vous ? Au contraire, il dit que vous êtes belle. Pour moi, je voudrois qu'à la franquette il eût mis votre nom, afin que tout le monde parlât davantage de vous, et j'ai envie de l'aller trouver et de lui en donner l'avis.

— Gardez-vous en bien, lui dis-je, je veux bien être belle parmi vous, mais je ne vais dans la ville, parée comme je suis, que le moins qu'il m'est possible ; le monde est si méchant, et c'est une chose si rare de voir un homme souhaiter d'être femme, qu'on est exposé souvent à de mauvaises plaisanteries.

— Que dites-vous là, madame ? interrompit monsieur le curé ; avez-vous jamais trouvé

personne qui ait condamné votre conduite à
cet égard ?

— Oui dà! monsieur, j'en ai trouvé; j'avois
un oncle conseiller d'État, nommé monsieur ***, qui, sachant que je m'habillois en
femme, me vint trouver un matin pour me
bien gronder: j'étois à ma toilette et venois de
prendre ma chemise; je me levai. « Non, dit-
il, asseyez-vous et vous habillez. » Il s'assit
aussitôt vis-à-vis de moi. « Puisque vous me
l'ordonnez, lui dis-je, mon cher oncle, je vous
obéis. Il est onze heures, et il faut aller à la
messe. » On me mit un corps lacé par derrière,
et ensuite une robe de velours noir ciselé, une
jupe de même, par dessus un jupon ordinaire,
une cravate de mousseline et une stinquerque
or et noir; j'avois gardé jusques-là mes cornettes de nuit; je mis une perruque fort frisée
et fort poudrée. Le bonhomme ne disoit mot.
« Cela sera bientôt fait, cher oncle, lui dis-je;
je n'ai plus qu'à mettre mes pendants d'oreilles
et cinq ou six mouches; » ce que je fis en ce
moment. « A ce que je vois, me dit-il, il faut
que je t'appelle ma nièce. En vérité, tu es bien
jolie. » Je lui sautai au col, et le baisai deux
ou trois fois; il ne me fit point d'autres réprimandes, me fit monter dans son carrosse, et
me mena à la messe et dîner chez lui.

La petite historiette fit plaisir à la compagnie. Monsieur le curé fit semblant de s'en aller, et demeura. On soupa bien, avec joie et innocence, on but à la fin du vin brûlé; j'avois prié tout bas ʼmademoiselle Dupuis de proposer à la compagnie d'aller au petit cabinet du jardin; je dis que je le voulois bien. Monsieur de la Neuville me donna la main pour m'y conduire ; j'appelai un laquais pour prendre mes queues.

— Non, non, dit mademoiselle Dupuis, je les veux porter; les filles d'honneur portent les queues des princesses.

— Mais, lui dis-je, je ne suis pas princesse.

— Eh bien ! madame, vous le serez ce soir, et moi fille d'honneur.

— Ne la serez-vous que ce soir? dit en riant monsieur de la Neuville.

Je me mis à rire aussi, et lui dis gravement :

— Puisque je suis princesse, je vous fais l'une de mes filles d'honneur; prenez ma queue.

Nous descendîmes au cabinet, et à peine la compagnie y put-elle tenir, tant il est petit. On se mit sur des canapés qui sont tout autour, et pour réjouir mes amies, je leur dis que je leur permettois de me venir saluer et baiser; tout le monde y passa en revue, et sur ce que

monsieur le curé, par modestie, ne venoit pas
à son tour, je me levai et l'allai embrasser de
tout mon cœur.

J'avois un banc vis-à-vis la chaire du prédi-
cateur; les marguilliers m'envoyoient toujours
un cierge allumé pour aller à la procession,
et je les suivois immédiatement; un laquais
me portoit la queue, et le jour du Saint-
Sacrement, comme la procession faisoit un
grand tour, elle alloit jusques aux Gobelins;
monsieur de la Neuville me donnoit la main,
et me servoit d'écuyer. Au bout de cinq à six
mois, on m'apporta le chanteau pour rendre
le pain bénit; je fis la chose fort magnifique-
ment, mais je ne voulus point de trompettes.
Ces marguilliers me dirent qu'il falloit qu'une
femme présentât le pain bénit, et quêtât, et
qu'ils se flattoient que je voudrois bien leur
faire cet honneur-là. Je ne savois ce que je
devois faire; madame la marquise d'Usson
me détermina et me dit qu'elle avoit quêté
elle-même, et que cela feroit plaisir à toute
la paroisse. Je ne me fis pas prier davantage,
mais je m'y préparai comme à une fête qui
devoit me montrer en spectacle à tout un
grand peuple. Je fis faire une robe de chambre
de damas blanc de la Chine, doublée de
taffetas noir : j'avois une échelle de rubans
noirs, des rubans sur les manches, et derrière,

une grande touffe de rubans noirs pour marquer la taille. Je crus qu'en cette occasion il falloit une jupe de velours noir; nous étions au mois d'octobre, le velours étoit de saison.

J'ai toujours depuis porté deux jupes, et j'ai fait retrousser mes manteaux avec de gros nœuds de. rubans. Ma coiffure étoit fort galante : un petit bonnet de taffetas noir chargé de rubans étoit attaché sur une perruque qui étoit fort poudrée ; madame de Noailles m'avoit prêté ses grands pendants d'oreilles de diamants brillants, et dans le côté gauche de mes cheveux j'avois cinq ou six poinçons de diamants et de rubis; trois ou quatre grandes mouches, et plus d'une grande douzaine de petites.

J'ai toujours fort aimé les mouches, et je trouve qu'il n'y a rien qui sied si bien. J'avois une stinquerque de Malines, qui faisoit semblant de cacher une gorge; enfin j'étois bien parée; je présentai le pain bénit, et j'allai à l'offrande d'assez bonne grâce, à ce qu'on m'a dit, et puis je quêtai. Ce n'est pas pour me vanter, mais jamais on n'a fait tant d'argent à Saint-Médard. Je quêtai le matin à la grand'messe, et l'après-dînée à vêpres et au salut; j'avois un écuyer qui étoit monsieur de la Neuville, une femme de chambre qui me suivoit, et trois laquais dont un me portoit la queue.

On me fit la guerre que j'avois été un peu coquette, sur ce qu'en passant sur les chaises je m'arrêtois quelquefois pendant que le bedeau me faisoit faire place, et m'amusois à me mirer pour rajuster quelque chose à mes pendants d'oreilles ou à ma stinquerque, mais je ne le fis que le soir au salut, et peu de gens s'en aperçurent. Je fatiguai beaucoup toute la journée, mais j'avois eu tant de plaisir de me voir applaudie de tout le monde, que je ne me sentis lasse que quand je fus couchée.

J'oubliois de dire que je fis deux cent soixante et douze livres. Il y eut trois jeunes hommes fort bien faits, que je ne connoissois point, qui me donnèrent chacun un louis d'or; je crus que c'étoient des étrangers; il est certain qu'il y vint beaucoup de gens d'autres paroisses, sachant que j'y devois quêter, et j'avoue que le soir, au salut, j'eus un grand plaisir. Il étoit nuit, on parle plus librement; j'entendis, à deux ou trois reprises, en différents endroits de l'église, des gens qui disoient :

— Mais est-il bien vrai que ce soit là un homme ? Il a bien raison de vouloir passer pour une femme.

Je me retournai de leur côté, et fis semblant de demander à quelqu'un, afin de leur donner le plaisir de me voir. On peut juger que cela me confirma étrangement dans le goût d'être traité comme une femme. Ces louanges me paraissoient des vérités qui n'étoient point mendiées : ces gens-là ne m'avoient jamais vu, et ne songeoient point à me faire plaisir.

La vie que je menois dans ma petite maison du fabourg Saint-Marceau étoit assez douce. Mes affaires étoient en bon état, mon frère venoit de mourir, et m'avoit laissé, toutes dettes payées, près de cinquante mille écus; j'avois d'assez beaux meubles, de la vaisselle d'argent, un peu de vermeil doré, des boucles d'oreilles de diamants brillants, deux bagues qui valoient bien quatre mille francs, une boucle de ceinture et des bracelets de perles et de rubis.

Ma maison étoit fort commode ; j'avois un carrosse à quatre personnes et un à deux, quatre chevaux de carrosse, un cocher et un postillon qui servoit de portier, un aumônier, un valet de chambre dont la sœur faisoit ma dépense et avoit soin de m'habiller, trois laquais, un cuisinier, une laveuse d'écuelles, et un Savoyard pour frotter mon appartement.

Je donnois à souper fort souvent à mes voisines, et quelquefois à monsieur le curé et à monsieur Garnier, et sans me piquer de faire grande chère, je la faisois assez bonne;

j'avois quelquefois des concerts, j'envoyois
mon carrosse à Descotaux, mon ancien ami; je
faisois le soir des petites loteries de bagatelles :
cela avoit un air de magnificence; je menois
mes voisines à l'Opéra, à la Comédie; on
trouvoit toujours chez moi du café, du thé et
du chocolat, je faisois dire tous les jours la
messe à mon aumônier, à la Présentation, à
midi et demi; toutes les paresseuses du quartier n'y manquoient pas, et comme je me cou-
chois fort tard, on venoit m'éveiller souvent
pour m'avertir que la messe sonnoit; je mettois vite une robe de chambre, une jupe et une
coiffe de taffetas pour cacher mes cornettes de
nuit, et courois l'entendre; je n'aimois pas à
la perdre. Enfin, il me sembloit que tout le
monde étoit content de moi, lorsque l'amour
vint troubler mon bonheur.

Deux demoiselles, mes voisines, me témoi-
gnoient beaucoup d'amitié, et ne faisoient
aucune façon de me baiser; c'étoit à qui
m'ajusteroit; je leur donnois assez souvent à
souper, elles venoient toujours de bonne
heure, et ne songoient qu'à me parer; l'une
m'accommodoit mon bonnet, et l'autre redres-
soit mes pendants d'oreilles; chacune demandoit comme une grande faveur l'intendance
des mouches; elles n'étoient jamais placées à
leur gré, et en les changeant de place, elles

me baisoient à la joue ou au front; elles s'émancipèrent un jour à me baiser à la bouche d'une manière si pressante et si tendre, que j'ouvris les yeux et m'aperçus que cela partoit de plus que de la bonne amitié; je dis tout bas à celle qui me plaisoit davantage (c'étoit mademoiselle Charlotte) :

— Mademoiselle, serois-je assez heureux pour être aimé de vous?

— Ah! madame, me répondit-elle en me serrant la main, peut-on vous voir sans vous aimer!

Nous eûmes bientôt fait nos conditions; nous nous promîmes un secret et une fidélité inviolables.

— Je ne me suis point défendue, me disoit-elle un jour, comme j'aurois fait contre un homme : je ne voyois qu'une belle dame, et pourquoi se défendre de l'aimer? Quels avantages vous donnent les habits de femme! Le cœur de l'homme y est qui fait ses impressions sur nous, et d'un autre côté, les charmes du beau sexe nous enlèvent tout d'un coup et nous empêchent de prendre nos sûretés.

Je répondois à sa tendresse de toute la mienne; mais quoique je l'aimasse beaucoup, je m'aimois encore davantage, et ne songeois qu'à plaire au genre humain.

Nous nous écrivions tous les jours, made-

moiselle Charlotte et moi, et nous nous voyions
à tous moments : la fenêtre de sa chambre
étoit vis-à-vis de la mienne, la petite rue de
Sainte-Geneviève entre deux. Ses lettres
étoient écrites avec une simplicité charmante ;
je lui en ai rendu plus de cent, comme je le
dirai dans la suite ; il ne m'en reste que deux,
par hasard.

PREMIÈRE LETTRE

« Que vous étiez aimable hier au soir, madame !
J'eus bien du plaisir, et j'eus envie cent fois de vous
aller baiser devant tout le monde. Eh bien ! on eût dit
que je vous aime, cela n'est-il pas vrai? Je ne veux
point le cacher, et si vous ne le dites pas, je le dirai,
moi. Mon grand-papa me dit tout bas : « Ma fille, je
crois que madame de Sancy t'aime : tu serois bien
heureuse. Oh! dame ! je ne pus pas me retenir et je
lui dis : « Mon papa, nous nous aimons de tout notre
cœur, mais madame ne veut pas qu'on le sache. »
Adieu, voilà ma belle-mère qui entre. » (Cette belle-
mère la tourmentoit.)

DEUXIÈME LETTRE

« En vérité, monsieur, je suis au désespoir; je voudrois ne vous avoir jamais connu, qu'il m'en eût
eoùté grand'chose, pour le chagrin que vous me cau-

sez. Je crois que l'on a découvert quelque chose de notre petite amitié; c'est vous seul qui en êtes la cause : pourquoi me parlez-vous tout bas à l'oreille ? Il y a du temps que l'on m'espionne. Je ne sais pas si c'est que l'on m'a vue aller au cabinet, mais l'on m'a fait des réprimandes qui ne me plaisent pas. Quand vous viendrez, ne cessez pas de me parler; ne faites pas semblant de rien, afin que l'on croie s'être trompé. Le Saint-Esprit m'a inspiré de ne point aller chez vous. Je fus chez mademoiselle Dupuis, l'on m'y vint chercher; je fus après cela chez ma tante, l'on y vint encore; donnez-vous bien de garde de ne me point jeter rien par la fenêtre. En vérité, monsieur, je suis bien malheureuse de vous aimer. Je vous écris cette lettre avec toutes les peines du monde : je ne suis pas un moment dans ma chambre que l'on ne vienne voir ce que j'y fais. Ne m'attendez plus au pavillon. Pour moi, je ne sais pas si l'on se doute que vous me donnez des lettres ; quand vous m'en donnerez, ne m'en donnez qu'à bonnes enseignes, que l'on ne s'en aperçoive pas. Je vous avoue que j'ai bien du chagrin ; si ce n'étoit pour un peu, je m'en irois passer trois mois dans un couvent. Qu'en dites-vous ? Ne me demandez point : N'avez-vous rien à me donner? Quand j'aurai quelque lettre, je vous la donnerai quand j'en pourrai trouver les occasions. »

On fit, en ce temps-là, une noce chez une personne de qualité de mes parents et de mes bonnes amies; j'y avois dîné, et je résolus d'y aller en masque après souper; il devoit y avoir des violons. J'allai aussitôt chez moi, et proposai à mes belles voisines de leur donner à

souper, et de se masquer ensuite. De jeunes
personnes ne demandent pas mieux. Je fis
habiller Mlle Charlotte en garçon, je louai un
habit complet, fort propre, avec une belle
perruque; c'étoit un fort joli cavalier. On me
reconnut d'abord, parce qu'on y avoit vu
souvent ma robe de chambre; ainsi je fus
obligé d'ôter mon masque et de me mettre
dans le rang des dames du bal; le reste de la
troupe demeura masqué. Charlotte me prit
pour danser; la compagnie fut assez contente
du menuet que nous dansâmes ensemble;
l'agitation ne me fit point de tort, et je revins
à ma place avec un rouge que je n'avois pas
avant que de danser. La maîtresse du logis qui
n'est pas louangeuse, me vint embrasser et me
dit tout bas :

— J'avoue, ma chère cousine, que cet habillement vous sied bien ; vous êtes, ce soir, belle
comme un ange.

Je changeai de discours, et appelai Charlotte
qui ôta son masque et laissa voir un petit
minois fort aimable.

—Voilà, madame, lui dis-je, mon petit amant;
n'est-il pas bien joli?

On vit bien que c'étoit une fille ; elle remit
son masque et me donna la main pour nous
en aller. La petite Charlotte me servit d'écuyer
pendant toute la soirée, et nous nous en aimions

bien mieux; elle s'en aperçut et me dit tendrement :

— Hélas! madame, je m'aperçois que vous
m'aimez davantage en justaucorps ; que ne
m'est-il permis d'en porter toujours!

J'achetai dès le lendemain l'habit que
j'avois loué pour elle et qui sembloit fait
exprès; je le fis mettre dans une armoire avec
la perruque, les gants, la cravate et le chapeau,
et lorsque mes voisines me vinrent voir, le
hasard fit qu'on ouvrit cette armoire et qu'on
vit cet habit; aussitôt on se jeta dessus, et
c'est ce que je demandois : on le mit à la
petite fille, et la voilà redevenue un beau
garçon.

Après la visite, elle voulut se déshabiller;
je ne voulus jamais le souffrir, et lui dis que je
lui en faisois présent, qu'aussi bien je ne le
mettrois jamais, et que, pour me le payer, je
lui demandois seulement qu'elle le mît toutes
les fois que mes voisines me feroient l'honneur
de venir souper chez moi.

La tante de Charlotte, car elle n'avoit plus ni
père ni mère, fit quelques façons, et puis se rendit, toutes les autres lui ayant protesté qu'elles
feroient un pareil marché quand je voudrois.
Ainsi j'eus le plaisir de l'avoir souvent garçon,
et comme j'étois femme, cela faisoit le véritable mariage.

J'avois un cabinet au bout de mon jardin, et il y avoit une porte de derrière par où elle venoit me voir le plus souvent qu'elle pouvoit, et nous avions des signaux pour nous entendre. Quand elle étoit entrée dans le cabinet, je lui mettois une perruque afin de m'imaginer que c'étoit un garçon; elle n'avoit pas de peine, de son côté, à s'imaginer que j'étois une femme; ainsi tous deux contents, nous avions bien du plaisir.

J'avois dans mon cabinet beaucoup de beaux portraits; je proposai à mes deux jeunes voisines de les faire peindre, mais à condition que Charlotte seroit peinte en cavalier. Sa tante qui mouroit d'envie d'avoir son portrait, y consentit; je voulus en même temps me faire peindre en femme, afin de faire un regard avec ma petite amie; je n'avois point de vanité, elle étoit bien plus belle que moi. Je fis venir M. de Troyes, qui nous peignit dans mon cabinet; cela dura un mois, et quand les deux portraits furent faits, et dans de belles bordures, on les pendit dans mon cabinet l'un auprès de l'autre, et chacun disoit; « Voilà un beau couple; il faudroit les marier, ils s'aimeroient bien. » Mes voisins et voisines rioient en disant cela et ne croyoient pas si bien dire; les mères, en mille ans, ne se seroient pas défiées de moi, et je crois, — Dieu me veuille pardonner! —

que sans aucun scrupule elles m'auroient laissé
coucher avec leurs filles; nous nous baisions à
tous moments, sans qu'elles le trouvassent
mauvais.

Une vie si douce fut troublée par la jalousie. Mademoiselle ***. — elle m'aimoit aussi, —
s'aperçut bientôt que je ne l'aimois pas; je ne
me pressois pas de la faire peindre ; elle
observa sa compagne, et la vit entrer dans
mon cabinet par la petite porte de derrière.
Elle courut en avertir la tante qui d'abord voulut gronder sa nièce, mais la pauvre enfant lui
parla avec tant de simplicité qu'elle n'en eut
pas le courage.

— Ma chère tante, lui dit-elle en l'embrassant, il est bien vrai que Madame m'aime;
elle m'a fait cent petits présents, et peut faire
ma fortune ; vous savez, ma chère tante, que
nous ne sommes pas riches ; elle me prie de
la venir voir toute seule dans son cabinet ; j'y
ai été cinq ou six fois, mais à quoi croyez-vous
que nous passions notre temps ? à habiller
Madame, qui veut aller faire quelque visite, à
la coiffer, à mettre ses pendants d'oreilles et
ses mouches, à parler de sa beauté. Je vous
assure, ma chère tante, qu'elle ne songe qu'à
cela; je lui dis sans cesse : « Madame, que vous
êtes belle aujourd'hui!. » Elle m'embrasse
là-dessus et me dit : « Ma chère Charlotte, si

tu pouvois toujours être habillée en garçon, je
t'en aimerois bien mieux, et nous nous marie-
rions ; il faut que nous trouvions le moyen de
coucher ensemble sans que Dieu y soit offensé.
Ma famille n'y consentiroit jamais, mais nous
pourrions faire un mariage de conscience. Si
ta tante veut venir demeurer avec moi, je lui
donnerai un appartement dans ma maison, et
ma table ; mais je veux que tu sois toujours
habillée en garçon; un de mes laquais te ser-
vira. » Voilà, ma chère tante, de quoi nous nous
entretenons ; or, voyez vous-même, si cela
arrivoit, si nous ne serions pas bien heureuses?

A ces douces paroles, la tante s'apaisa, et
ma petite amie, pour mieux jouer son jeu, la
mena au petit cabinet.

La première fois qu'elle y vint, je l'accablai
d'amitiés, et lui offris de faire avec sa nièce une
simple alliance fort innocente.

Elle dit qu'elle feroit tout ce que je voudrois.

Je fis donc préparer toutes choses pour faire
la fête le jeudi gras. Je priai tous les parents
de Charlotte; elle avait deux cousins germains, corroyeurs et tanneurs, leurs femmes et
trois de leurs enfants; tout cela vint souper
chez moi. Je me parai de toutes mes pierreries et eus une robe neuve ; j'avois fait faire

un habit neuf à la petite fille, que je fis appeler monsieur de Maulny, du nom d'une terre de deux mille livres de rente, que je voulois lui donner.

Nous fîmes la cérémonie avant souper, afin de nous mieux réjouir toute la soirée; j'avois une robe de moire d'argent et un petit bouquet de fleurs d'oranger derrière la tête comme la mariée; je dis tout haut, devant les parents, que je prenois monsieur de Maulny ci-présent pour mon mari, et il dit qu'il prenoit madame de Sancy pour sa femme; nous nous touchâmes dans la main, il me mit au doigt une petite bague d'argent, et nous nous baisâmes; j'appelai aussitôt les corroyeurs mes cousins, et les corroyeuses mes cousines; ils croyoient que je leur faisois beaucoup d'honneur.

Nous soupâmes ensuite fort bien, on se promena dans le jardin, on dansa aux chansons. Je fis des petits présents à la compagnie, des tabatières, des cravates brodées, des coiffes, des gants, des stinquerques; je donnai à la tante une bague de cinquante louis, et quand tous les esprits furent bien disposés, mon valet de chambre, qui avoit le mot, vint dire tout haut qu'il étoit près de minuit; chacun dit qu'il falloit coucher les mariés; le lit étoit tout prêt et la chambre fort éclairée; je me mis à ma toilette; on me coiffa de nuit avec de belles

cornettes et force rubans sur la tête; on me
mit au lit.

Monsieur de Maulny, à ma prière, s'étoit
fait couper les cheveux en homme, de sorte
qu'après que je fus couchée, il parut en robe
de chambre, son bonnet de nuit à la main, et
ses cheveux attachés par derrière avec un
ruban couleur de feu; il fit quelque façon pour
se coucher, et puis se vint mettre auprès de
moi.

Tous les parents vinrent nous baiser, la
bonne tante nous tira le rideau, et chacun s'en
alla chez soi. C'est alors que nous nous aban-
donnâmes à la joie, sans sortir des bornes de
l'honnêteté; ce qui est difficile à croire et ce
qui est pourtant vrai.

Le lendemain de notre alliance ou de notre
prétendu mariage, j'avois fait mettre à ma porte
un écriteau à louer au deuxième étage; la tante
le loua et y vint demeurer avec Charlotte qui
étoit toujours habillée en homme dans la maison, parce que cela me faisoit plaisir; mes
valets n'osoient pas la nommer autrement que
monsieur de Maulny.

J'envoyois quelquefois le matin chercher des
marchands pour me montrer des étoffes, afin
qu'ils me vissent dans mon lit avec mon cher
mari; on nous apportoit devant eux des croûtes
pour déjeuner, et nous nous donnions une

petite marque d'amitié ; ensuite monsieur prenoit sa robe de chambre et s'alloit habiller
dans son appartement, et je demeurois avec
mes marchands à choisir mes étoffes. Il se
trouve quelquefois des garçons qui ont de
l'esprit et qui me parloient de la bonne mine et
des grâces de monsieur de Maulny, quand il
étoit sorti :

— Ne suis-je pas heureuse, leur disois-je,
d'avoir un mari si bien fait et si doux ? car il
ne me contredit en rien ; aussi je l'aime de tout
mon cœur.

— Madame, me répliquoient-ils, vous n'en
méritez pas moins. Une belle dame demande
un beau cavalier.

Au reste, notre maison étoit fort bien
réglée; à la réserve de la petite foiblesse que
j'avois de vouloir passer pour femme on ne
me pouvoit rien reprocher.

J'allois tous les jours à la messe à pied,
dans un des petits couvents qui sont autour
de ma maison; un laquais me portoit mes
queues, et les autres un tabouret de velours noir pour m'agenouiller, et mon sac
aux heures.

J'allois une fois la semaine avec monsieur
le curé ou monsieur Garnier, visiter les pauvres honteux et leur faire des charités ; cela me
faisoit connoître dans toute la paroisse, et

j'entendois les porteuses d'eau et les fruitières
qui disoient assez haut derrière nous :

— Voilà une bonne dame ; Dieu la bénisse !

— Pourquoi, disoit l'une un jour, quand
elles sont si belles, a n'aiment qu'elles, a n'aiment point les pauvres?

Une autre fois une vendeuse de pommes à
qui j'achetai tout le devanteau pour le donner
à une pauvre famille, me dit en joignant les
mains :

— Dieu soit avec vous! ma bonne dame, et
vous conserve encore cinquante ans aussi
fraîche que vous êtes !

Ces sortes de louanges naïves font grand
plaisir, et même je m'aperçus que monsieur le
curé n'y étoit pas insensible :

— Vous voyez, madame, me disoit-il, que
Dieu récompense les bonnes œuvres par de
petits plaisirs humains; vous aimez un peu
votre personne, il faut que vous en tombiez
d'accord, et parce que vous faites des bonnes
œuvres, vous en êtes récompensée par les
acclamations du peuple, et nous sommes forcés d'applaudir nous-mêmes à ce que nous
appellerions foiblesse dans un autre.

Nous achevions ainsi en discourant nos
petites courses, et puis nous venions à la
paroisse entendre la messe, et j'y retrouvois
mes laquais à qui je donnois ordre de s'y trou-

ver à une certaine heure pour me reconduire au logis.

Je hasardai un jour d'aller à la comédie avec mon cher Maulny et sa tante, mais je fus trop regardée, trop considérée ; vingt personnes par curiosité vinrent m'attendre à la porte lorsque nous remontâmes en carrosse. Quelques-uns furent assez insolents pour me faire des compliments sur ma beauté, à quoi je ne répondis que par une mine modeste et dédaigneuse ; mais je n'y retournai pas de longtemps, pour éviter le scandale.

L'Opéra n'est pas de même ; comme les places y sont chères et qu'on veut profiter du spectacle, chacun s'y tient en respect, et j'y ai été vingt fois sans qu'on m'ait jamais rien dit. Je pris alors la résolution de demeurer souvent dans ma maison, ou du moins dans mon quartier du faubourg, où je pouvois faire tout ce qui me plaisoit sans qu'on y trouvât à redire.

Il m'arriva un petit accident en me promenant dans mon jardin. Je me donnai une entorse si violente qu'il me fallut garder le lit huit ou dix jours, et la chambre plus de trois semaines.

Je tâchai de m'amuser ; mon appartement étoit magnifique, mon lit étoit de damas cramoisi et blanc, la tapisserie, les rideaux des

fenêtres et les portières de même, un grand
trumeau de glace, trois grands miroirs, une
glace sur la cheminée, des porcelaines, des
cabinets du Japon, quelques tableaux à bordures dorées, la cheminée de marbre blanc, un
chandelier de cristal, sept ou huit plaques où
le soir on allumoit des bougies ; mon lit étoit
à la duchesse, les rideaux rattachés avec des
rubans de taffetas blanc ; mes draps étoient à
dentelles, trois gros oreillers et trois ou quatre
petits attachés dans les coins avec des rubans
couleur de feu. J'étois ordinairement à mon
séant avec un corset de Marseille et une
échelle de rubans noirs, une cravate de mousseline et un gros nœud de rubans sous le col,
une petite perruque fort poudrée qui laissoit
voir mes pendants d'oreilles de diamants,
cinq ou six mouches et beaucoup de gaieté,
parce que je n'étois point malade.

Mes voisins et mes voisines me tenoient
compagnie toutes les après-dînées , et j'en
retenois les soirs cinq ou six à souper ; j'avois
quelquefois de la musique, et jamais de jeu,
je ne pouvois pas souffrir les cartes ; je reçus
en cet état beaucoup de visites, et chacun me
faisoit compliment sur mon ajustement, où
l'on ne trouva rien que de modeste, car il est
bon de remarquer que je ne portois jamais
que des rubans noirs.

Dès que mon pied fut un peu remis, je me levai et passai les journées sur un canapé avec des robes de chambre plus propres que magnifiques.

On ne laissa pas d'aller conter à monsieur le cardinal que j'avois des robes toutes d'or, toutes couvertes de rubans couleur de feu, avec des mouches et des pendants d'oreilles de diamants brillants, et que j'allois ainsi parée et ajustée à la grand'messe de ma paroisse, où je donnois des distractions à tous ceux qui me voyoient.

Son Eminence, qui veut que tout soit dans l'ordre, envoya un abbé de mes amis, en qui il avoit confiance, me rendre visite pour voir ce qui en étoit; il me le dit avec amitié et m'assura qu'il diroit à son Eminence que mon habillement n'étoit que propre et point magnifique, que ma robe étoit noire avec des petites fleurs d'or qu'à peine on voyoit, et doublée de satin noir; que j'avois des boucles d'oreilles de diamants brillants assez beaux, et trois ou quatre petites mouches; qu'il m'avoit justement trouvé dans le temps que j'allois à la messe, et qu'enfin c'étoit pure médisance que ce qu'on lui avoit rapporté.

Ainsi je demeurai tranquille et continuai à passer une vie fort agréable. On ne laissa pas de faire des chansons sur moi, et je les laissai chanter. J'ai même envie d'en rapporter ici quelques couplets. Les voici :

SUR L'AIR : *Votre jeu fait beaucoup de bruit.*

Sancy, au faubourg Saint-Marceau,
Est habillé comme une fille ;
Il ne paroîtroit pas si beau,
S'il étoit encor dans la ville.
Il est aimable, il est galant :
Il aura bientôt des amants.

Tout le peuple de Saint-Médard
Admire comme une merveille
Ses robes d'or et de brocard,
Ses mouches, ses pendants d'oreille,
Son teint vif et ses yeux brillants :
Il aura bientôt des amants.

Qu'on a de plaisir à le voir
Dans un ajustement extrême,
A la main son petit miroir
Dont il s'idolâtre lui-même,
Sa douceur, ses airs complaisants :
Il aura bientôt des amants.

Il est étalé dans son banc,
Ainsi qu'une jeune épousée
Qui cherche à voir en se mirant
Si ses mouches sont bien placées ;
Il voudroit plaire à tous venants :
Il aura bientôt des amants.

Quand il rendit le pain béni,
Il n'épargna pas la dépense,
Sans faire la chose à demi,
Il montra sa magnificence,
Curé, bedeaux furent contents :
Il aura bientôt des amants.

Les quéteuses ne manquoient pas
De lui présenter leur requête,
Elles disoient à demi-bas :
Madame est l'honneur de la fête.
Il avaloit tous leurs encens :
Il aura bientôt des amants.

Il ne sauroit rien refuser
Pourvu qu'on l'appelle madame,
Pourvu qu'on daigne l'encenser,
Il donneroit jusqu'à son âme,
Il aime à faire des présents :
Il aura bientôt des amants.

Il rassemble dans sa maison
Et le berger et la bergère,
On y trouve tout à foison,
La musique et la bonne chère,
Des tabatières et des gants :
Il aura bientôt des amants.

Chez lui, sans qu'il en coûte rien,
On peut mettre à la loterie,
Tout ce qu'il fait, il le fait bien,
Il veut qu'on chante, il veut qu'on rie,
Il songe à nous rendre contents :
Il aura bientôt des amants.

N'a-t-il pas lieu d'être content
Du parti qu'il a bien su prendre ?
Puisque son visage y consent,
Quel compte nous en doit-il rendre ?
Il a mille et mille agréments :
Il aura bientôt des amants.

S'il est foible sur sa beauté,
S'il se croit être l'amour même,
Il faut dire la vérité,
Il mérite d'ailleurs qu'on l'aime ;
Il a des vertus, des talents :
Il aura bientôt des amants.

Il aime les pauvres honteux,
Il les cherche au troisième étage ;
Notre curé se trouve heureux
De le suivre dans ce voyage ;
Il caresse jusqu'aux enfants :
Il aura bientôt des amants.

II

LES AMOURS DE M. DE MAULNY. — RUPTURE. —
MADEMOISELLE DANY.

J'AVOIS bien du plaisir, mais, à dire la
vérité, nous en fîmes un peu trop;
on nous voyoit tous les jours, monsieur de Maulny et moi, à la Comédie, à
l'Opéra, au bal, aux promenades, aux cours,
et même aux Tuileries, et j'entendis plus d'une
fois des gens qui disoient, en nous voyant
passer : « La femme est bien faite, mais le
mari est bien plus beau. » Cela ne me fâchoit
pas.

J'y rencontrai un jour monsieur de Caumar-

tin, qui est mon neveu; il se promena longtemps avec nous, mais le lendemain il me
vint voir et me représenta assez vivement que
je me donnois trop en spectacle. Il n'eut
d'autres réponses sinon que je lui étois obligé.

Monsieur le curé, à qui sans doute mes
parents avoient parlé, me parla aussi, et ne
fut pas mieux écouté.

On m'écrivit aussi des lettres anonymes
dont je ne fis pas plus de cas; en voici une que
je gardai pour faire voir comment s'y prennent
les gens d'esprit pour donner des avis:

LETTRE

« Je n'ai point l'honneur, madame, d'être connue
de vous, mais je vous vois souvent à l'église, et même
dans des maisons particulières. Je sais tout le bien,
toutes les charités que vous faites dans notre paroisse,
j'avoue que vous êtes belle, et ne m'étonne pas que
vous aimiez les ajustements des femmes, qui vous
conviennent extrémement; mais je ne puis vous
passer l'alliance, j'ose dire scandaleuse, que vous
avez faite, à la face du soleil et de notre curé, avec
une demoiselle notre voisine, que vous faites habiller
en homme pour avoir plus de ragoût avec elle.
Encore si vous cachiez votre faiblesse, mais vous en
triomphez : on vous voit dans votre carrosse aux promenades publiques avec votre prétendu mari, et je ne
désespère pas qu'un de ces jours, vous ne jouiez la
femme grosse. Songez-y, ma chère dame, rentrez en
vous-même ; je veux croire que vous êtes dans l'inno-

cence, mais on juge sur les apparences, et quand on voit que ce petit mari loge chez vous et qu'il n'y a qu'un lit dans votre chambre, où vos amis vous voient tous les jours couchés ensemble, comme le mari et la femme, est-ce faire une médisance que de croire que vous ne vous refusez rien l'un à l'autre ? On ne trouve point à redire que vous soyez habillé en femme, cela ne fait mal à personne ; soyez coquette, j'y consens, mais ne couchez pas avec une personne que vous n'avez point épousée ; cela choque toutes les règles de la bienséance, et quand il n'y aurait point d'offense envers Dieu, il y en aurait toujours devant les hommes. Au reste, ma belle dame, n'attribuez point ma remontrance à une humeur chagrine, c'est pure amitié pour vous, on ne peut pas vous voir sans vous aimer. »

Je relus cette lettre plusieurs fois, et j'en fis mon profit ; si toutes les remontrances étoient aussi bien assaisonnées, on en profiteroit plus qu'on ne fait ; je ne sortis plus au grand jour et gardai plus de mesures qu'auparavant.

Je l'aimois toujours, et nous ne nous serions jamais séparés sans l'aventure que je vais raconter.

Un bourgeois fort riche qui savoit bien que monsieur de Maulny étoit une fille et que je n'avois jamais attaqué son honneur parce que je ne songeois qu'à ma beauté, en devint amoureux et la fit demander en mariage. Il avoit une charge de mouleur de bois et plus de cent mille francs de bien : il offrit de tout donner par contrat de mariage.

Monsieur le curé m'en vint parler, sa tante pleura en me conjurant de ne point empêcher la fortune de sa nièce, et tout d'un coup je la vois s'habiller en fille et assez gaie ; cela ne lui déplut pas.

Elle avoit conté sans doute tout ce qui se passoit entre nous, et on lui avoit dit qu'un véritable mari lui donneroit bien d'autres plaisirs que moi qui ne faisois que la caresser et la baiser.

Je consentis à son mariage, je lui renvoyai toutes ses lettres et lui fis beaucoup de présents; mais dès que la noce fut faite, je ne la vis plus; je n'ai jamais pu souffrir les femmes mariées. Je tombai dans un grand chagrin; cela ne pouvoit pas durer, je suis fort pour la joie, et la Providence m'en envoya bientôt un nouveau sujet.

Je passois chez madame Durier, ma lingère, auprès de la Doctrine chrétienne, pour lui commander quelque chose, et j'y vis une fille qui me parut fort jolie; elle n'avoit pas plus de quinze ans, le teint beau, la bouche vermeille, les dents belles, les yeux noirs et vifs. Je demandai à ma lingère depuis quand elle avoit cette petite fille-là? Elle me dit que ce n'étoit que depuis quinze jours, qu'elle étoit orpheline, qu'elle l'avoit prise par charité, et que c'étoit sa seconde fille de boutique.

Quatre jours après, je m'y arrêtai en passant; on me dit que mon linge n'étoit pas encore prêt. Je revis la petite fille et la trouvai encore plus jolie.

Le dimanche suivant, on me dit à neuf heures (je venois de m'éveiller) que madame Durier m'envoyoit mon linge par une de ses filles; je la vis entrer et reconnus que c'étoit la petite fille. Madame Durier avoit bien vu qu'elle ne me déplaisoit pas. Je la fis approcher de mon lit, et lui dis de déployer sa marchandise, ce qu'elle fit de fort bonne grâce; je lui dis ensuite :

— Ma petite amie, approchez-vous que je vous baise.

Elle fit une profonde révérence, s'approcha et me présenta son petit bec que je baisai trois ou quatre fois.

— Seriez-vous bien aise, lui dis-je, si je voulois bien vous mettre auprès de moi dans mon dodo?

— Ce me seroit bien de l'honneur, madame, me répondit-elle : la pauvre enfant croyoit que j'étois une femme.

Je la renvoyai, et dis le lendemain à sa maîtresse que je voulois payer son apprentissage, et je lui donnai pour cela quatre cents

francs. La joie de la petite Babet ne se peut
point exprimer.

— Envoyez-la-moi ce soir, dis-je à sa maîtresse, elle soupera avec moi ; je veux un peu
examiner comment elle est faite, avant de lui
faire plus de bien.

Le même soir, je vis arriver la maîtresse
avec la petite fille ; la maîtresse vouloit s'en
aller, mais je la retins ; nous soupâmes tous
trois. Babet n'avoit jamais mangé de per-
dreaux, et sa maîtresse n'en mangeoit pas
souvent.

Après souper, mes gens sortirent, et je dis
à la lingère :

— J'ai de l'inclination pour Babet, mais
avant de m'y attacher tout à fait, je veux un
peu voir comme elle est faite.

Je la fis approcher, je regardai ses dents,
sa gorge qui commençoit à figurer ; ses bras
étoient un peu maigres.

— Madame, me dit la lingère, gardez Babet
cette nuit ; faites-la coucher auprès de vous,
je vous réponds qu'elle est fort propre, elle
couche avec moi ; vous examinerez à loisir
comme elle est faite.

Je trouvai qu'elle parloit bien, je gardai
Babet, et envoyai un laquais quérir ses cornettes qui étoient bien simples (elle en eut
bientôt de plus belles).

J'avois chez moi une vieille demoiselle qui avoit été à ma mère, et à qui je payois une pension de cent écus; je la fis venir.

— Mademoiselle, lui dis-je, voilà une fille qu'on veut me donner pour femme de chambre, mais je veux savoir auparavant si elle est bien propre. Examinez-la depuis la tête jusques aux pieds.

Elle n'en fit pas à deux fois et mit la petite fille nue comme la main (nous n'étions que nous trois); elle lui jeta seulement une robe de chambre sur les épaules. Je n'ai jamais vu un plus joli corps : une taille droite, de petites hanches, une gorge naissante blanche comme neige. Elle lui remit sa chemise, et je lui dis :

— Ma mignonne, couchez-vous dans mon lit.

Je me mis à ma toilette et fus bientôt couchée; j'avois bien envie d'embrasser le petit bouchon.

— Madame, me dit la vieille demoiselle, dans deux ans, ce sera la plus jolie personne de Paris.

Je la baisai trois ou quatre fois avec grand plaisir, je la mis tout entière entre mes jambes, et la caressai fort : elle n'osoit dans les commencements répondre à mes caresses, mais bientôt elle s'enhardit, et j'étois quelquefois obligé de lui dire de me laisser en repos.

J'envoyai quérir madame Durier, et lui dis
que je prenois Babet pour ma femme de
chambre, que je voulois pourtant qu'elle ap-
prît le métier de lingère, que trois jours par
semaine elle iroit travailler à la boutique, et
que les trois autres jours elle demeureroit chez
moi, et iroit apprendre à coiffer; qu'elle lui
donnât à dîner, mais que tous les soirs elle la
renvoyât coucher au logis. Cela fut exécuté
fidèlement.

Je fis faire à Babet des habits un peu plus
propres et quantité de linge. Mais bientôt je
l'aimai de tout mon cœur; elle me suivoit partout, dans les visites et à l'église, et partout
on la trouvoit fort jolie, un petit air fin et fort
modeste.

Mon amitié pour elle augmentant à vue
d'œil, je ne pus m'empêcher de lui faire faire
des habits magnifiques et le plus beau linge
de Paris; j'achetai pour elle chez monsieur
Lambert, joaillier, des boucles d'oreilles de
diamants brillants, qui me coûtèrent huit cent
cinquante livres; je la fis coiffer avec des rubans argent et bleu, je lui mis toujours sept
ou huit petites mouches; enfin on vit bien
qu'elle n'étoit plus sur le pied de femme de
chambre, aussi en pris-je une qui étoit plus
occupée après elle qu'après moi. Je lui demandai son nom de famille, qui se trouva assez

joli ; je la fis appeler mademoiselle Dany, et on ne parla plus de Babet.

Qui pourroit exprimer sa joie quand elle se vit ainsi fêtée! Elle m'en avoit toute l'obligation, et m'en témoignoit à tout moment sa reconnoissance. Je la menois dans mon banc à Saint-Médard et la faisois asseoir auprès de moi, pour marquer le cas que j'en faisois ; enfin cela alla si loin que j'aimois mieux qu'elle fut parée que moi, et sans elle, j'eusse négligé mon ajustement, mais elle en avoit assez de soin et ne songeoit qu'à me mettre quelque chose qui m'embellît.

Mademoiselle Dany me rendit bientôt toute ma belle humeur, et je recommençai à donner à souper à mes voisines ; je priai un soir monsieur le curé, monsieur Garnier mon confesseur, monsieur Renard et sa femme, madame Dupuis et sa fille aînée ; la cadette qui avoit eu quelque inclination pour moi, avoit épousé un jeune homme qui avoit eu une commission auprès de Lille, où elle étoit allée avec lui.

Quand on me servit le souper, nous nous mîmes à table, mais monsieur Renard n'ayant point vu mademoiselle Dany, me demanda où elle étoit ; je lui dis qu'elle souperoit dans sa chambre ; tout le monde me pria de la faire venir ; ils savoient bien que c'étoit me faire plaisir ; je lui mandai de descendre ; elle parut

aussitôt, belle comme un petit ange ; sa jupe et
son manteau étoient de moire d'argent, la tête
chargée de rubans couleur de feu, la gorge
fort découverte, point de collier de perles,
parce qu'elle avoit le col fort beau ; je lui avois
dit de mettre mes belles boucles d'oreilles et
quinze ou seize mouches ; je me doutois bien
que, quand on ne la verroit point, on la de-
manderoit.

On se récria sur sa beauté ; elle se mit à
table et nous soupâmes ; quand on eut fini,
mademoiselle Dupuis tira de sa poche de
grosses dragées, compta par ses doigts que
nous étions huit, et me pria d'en choisir huit,
ce que je fis.

— Il faut, madame, me dit-elle, que la
plus innocente de la compagnie les distribue
à sa fantaisie.

On donna la commission à mademoiselle
Dany qui nous en donna à chacun une au
hasard.

—Oh! rompez-les, dit mademoiselle Dupuis,
et vous y trouverez une petite sentence.

On le fit ; il y avoit : *Je n'aime rien ; j'aime
le bon vin ;* la petite eut : *A qui donnerai-je
mon cœur ?*

— Oh ! s'écria-t-elle, il est tout donné.

— Et à qui ? lui dit-on.

Elle me regarda tendrement et ne répondit

point. On trouva cela fort joli : je l'appelai et la baisai.

— Et moi, mignonne, je vous donne le mien.

Monsieur Renard qui étoit auprès de moi, lui fit place, et le reste du souper elle ne me quitta pas ; je l'agaçai pour la faire parler :

— On dit que vous êtes jolie, qu'en pensez-vous ?

— Mon miroir m'en dit quelque chose, dit-elle, mais ce qui me le fait croire, c'est que la belle dame m'a donné son cœur.

— Seriez-vous bien fâchée, ajoutai-je, si vous aviez la petite vérole ?

— Au désespoir, madame ; vous ne m'aime-riez plus !

— Et moi, mignonne, si je l'avois, ne m'ai-meriez-vous plus ?

— Ce n'est pas de même, répondit-elle ; vous avez tant d'esprit, ma belle dame, et tant de bonté, que quand vous deviendriez aussi laide que Margueritte (c'étoit ma cuisinière), on vous aimeroit toujours.

Ces petites réponses vives firent plaisir à la compagnie, et je la baisai de bon cœur ; on apporta d'excellent ratafia, la bouteille fut bien-tôt vide, j'en pris dans un petit verre et j'en renvoyois la moitié, quand la petite prit le verre des mains du laquais, et me demanda par un petit signe la permission de le boire.

— Voilà une petite personne bien aimable, dit mademoiselle Renard; je ne m'étonne pas que madame l'aime tant.

— Hélas! lui répondis-je, je l'aime comme ma petite sœur; nous couchons ensemble, nous nous baisons, et nous dormons.

— Oh! madame, dit monsieur le curé, nous sommes persuadés de votre sagesse.

— J'en suis caution, dit monsieur Garnier; vous avez raison, madame, d'aimer mademoiselle Dany, mais permettez-moi de vous dire qu'elle montre trop sa gorge.

— Eh bien! monsieur, lui dis-je, je vais lui mettre une stinquerque.

Tout le monde s'y opposa, en disant que ce n'étoit point la mode, mais je ne laissai pas de dire à monsieur le curé que quand je la menerois à l'église, elle auroit toujours une stinquerque. Je lui tins ma parole, mais la stinquerque étoit si étroite qu'elle ne cachoit rien, et souvent je prenois le prétexte de la raccommoder afin de pouvoir toucher à sa gorge devant tout le monde.

On se leva de table, on parla de nouvelles. Monsieur Garnier conta une histoire du quartier assez plaisante, d'un mari qui, en revenant le soir de la campagne, avoit trouvé dans le lit de sa femme une personne avec un bonnet de nuit d'homme, et il se trouva que c'était sa sœur.

Cependant mademoiselle Dany étoit allée par mon ordre se déshabiller, et s'étoit venue mettre dans mon lit par la petite ruelle, sans qu'on l'eût vue; minuit sonna à ma pendule, chacun se leva pour s'en aller; mais en passant auprès de mon lit, mademoiselle Renard y aperçut la petite Dany, et prit une bougie pour la faire voir; elle étoit quasi à son séant, de belles cornettes avec des rubans couleur de feu, une chemise avec des dentelles, échancrée fort bas, en sorte qu'on voyoit entièrement sa gorge qui assurément n'étoit point pendante; c'étoient deux petites pommes bien blanches, dont on voyoit le tour, avec un petit bouton de rose au milieu de chacune; elle y avoit mis une grande mouche ronde, pour les faire paroître encore plus blanches; je lui avois dit de ne point ôter ses boucles d'oreilles ni ses mouches; c'étoit en été, il faisoit chaud, et quoiqu'elle fût fort découverte, elle n'avoit pas peur de s'enrhumer; toute la compagnie la baisa.

— Allons-nous-en, dit mademoiselle Dupuis, et laissons coucher madame avec cette belle enfant.

J'appelai mes gens qui allumèrent un flambeau et reconduisirent monsieur le curé et

monsieur Garnier; monsieur Renard et sa
femme n'avoient que le ruisseau à passer;
mademoiselle Dupuis et sa fille qui demeu-
roient à l'Estrapade, attendirent que mes gens
fussent revenus.

Je me déshabillai devant elles, mis mes cornettes, et me couchai; je pris d'abord mon
enfant entre mes bras, et la baisai trois ou
quatre fois; je n'oubliai pas sa gorge; je la mis
ensuite dans la belle ruelle, afin que mademoiselle Dupuis la vît plus à son aise; je rele-
vai sa chemise par derrière, et me collai
contre son petit corps, en mettant ma main
droite sur sa gorge; je l'avois instruite, elle
se tenoit sur le dos et tournoit la tête du côté
gauche, afin de me donner un prétexte de
m'avancer sur elle en faisant semblant de la
vouloir baiser.

— Voyez, mademoiselle, dis-je à mademoiselle Dupuis, voyez la petite ingrate qui ne
veut pas que je la baise.

Et cependant j'avançois toujours sur elle;
enfin quand je fus bien, elle tourna un peu
le visage et me donna son petit bec; je la
baisai avec un plaisir incroyable, sans changer de place, voulant y revenir a plusieurs
fois :

— M'aimes-tu, mon petit cœur ! lui dis-je.
— Hélas ! oui madame.

— Appelle-moi mon petit mari ou ma petite femme.

— J'aime mieux, dit-elle, mon petit mari.

Je recommençai à la baiser, nos bouches ne pouvoient pas se quitter, lorsque tout d'un coup elle s'écria :

— Que je suis aise, mon cher petit mari, le petit mari de mon cœur !

J'étois bien aussi aise qu'elle, mais je ne disois mot; enfin je me remis sur le dos, et nous demeurâmes quelques moments à ne rien dire et à jeter de grands soupirs.

— Avouez, me dit alors mademoiselle Dupuis, avouez que vous aimez bien mademoiselle Dany.

— N'ai-je pas raison, et n'est-elle pas bien aimable, et ne suis-je pas bien heureuse de pouvoir l'aimer innocemment, sans offenser ni Dieu ni les hommes ! Vous avez bien ouï tantôt ce qu'a dit M. Garnier : je ne lui cache rien, et il veut bien être ma caution.

On vint avertir que mes gens étoient revenus; les demoiselles s'en allèrent, et nous nous endormîmes jusqu'à onze heures et demie, qu'on nous éveilla pour aller à la messe. Il étoit fête, nous n'eûmes que le temps de mettre nos jupes, une robe ballante et des coiffes.

Nous vivions contents, lorsqu'il arriva en-

4.

core un petit orage du côté de monsieur le
cardinal. Le supérieur du séminaire des vieux
prêtres, qu'on venoit d'établir dans le faubourg
Saint-Marceau, lui alla conter que j'étois tous
les jours dans mon banc, si parée, si ajustée, si
belle, avec tant de rubans et de diamants, qu'il
n'osoit y mener ses séminaristes.

C'étoit mademoiselle Dany qui en étoit la
cause; le bon supérieur qui ne voit pas trop
clair, l'avoit prise pour moi, et la voyant avec
des habits fort brillants d'or et d'argent, il
avoit cru en conscience en devoir avertir monsieur le cardinal.

Monsieur le curé fut mandé et interrogé, et
répondit qu'il n'y avoit rien de nouveau, et
que j'allois tous les jours à l'église fort modestement, et que sans doute on avoit pris mademoiselle Dany pour moi. Il me conseilla pourtant d'aller voir monsieur le cardinal, de
m'habiller à l'ordinaire, et d'y mener mademoiselle Dany fort parée.

J'y allai un jour d'audience, j'avois ma robe
noire, une jupe aussi noire, je cachai mon
corps de moire d'argent, une cravate de mousseline, ma perruque avec peu de poudre, de
petites boucles d'or aux oreilles, et des
emplâtres de velours aux tempes.

Mademoiselle Dany, en récompense, étoit
fort ajustée, un habit d'une étoffe d'or à fleurs

naturelles, bien coiffée, mes boucles de diamants brillants, sept ou huit mouches. Nous
demeurâmes dans une antichambre jusqu'à ce
que monsieur le cardinal y vînt; en recondui-
sant madame la duchesse d'Estrées, il m'aperçut et vint à moi.

— Monseigneur, lui dis-je, je viens me
justifier; ayez la bonté de regarder mon
habillement; je ne vais pas autrement à Saint-
Médard; si vous ne me trouvez pas bien, j'y
changerai ce qu'il plaira à Votre Éminence.

— Vous êtes fort bien, me dit-il, après
m'avoir bien examinée, et je vois bien que l'on
vous a pris pour cette belle demoiselle-là.

Il me demanda à qui elle étoit, et je lui
contai sa fortune. Il loua ma charité, et
m'exhorta à avoir soin d'elle.

— Mademoiselle, lui dit-il gracieusement,
soyez aussi sage que vous êtes belle.

Et il alla donner audience à d'autres personnes; nous nous en allâmes et fûmes bien
regardées par deux cents moines qui étoient
dans les antichambres. Monsieur le curé de
Saint-Médard m'attendoit dans la salle, je lui
contai la réception que monsieur le cardinal
nous avoit faite; il entra plus avant, et me dit
le lendemain que monsieur le cardinal lui
avoit dit qu'il m'avoit vue habillée fort modestement, et qu'il étoit content, mais qu'il avoit

oublié de me remercier de toutes les charités
que je faisois dans la paroisse.

On peut juger que cela me fit un grand
plaisir; je retournai trois mois après à son
audience, à la prière de monsieur le curé, pour
lui proposer un nouvel établissement pour
vingt orphelins de la paroisse; j'offrois de
louer la maison et de leur donner cinq cents
livres par an; plusieurs femmes de tanneurs
qui sont riches, offroient des sommes considé-
rables; il m'écouta et me promit de venir sur
les lieux examiner la chose.

J'étois venue toute seule sans la petite
Dany. Le saint cardinal en fut peut-être fâché,
et me dit que je devenois coquette, mais qu'il
me le pardonnoit à cause des bonnes œuvres
que je faisois.

Il s'étoit peut-être aperçu que je montrois
mon corps de moire d'argent, qu'il n'avoit
point vu l'autre fois, et que j'avois de plus
beaux pendants d'oreilles et sept ou huit mouches. Je devins rouge comme du feu.

— Au moins, me dit-il tout bas, si vous
êtes coquette, vous êtes modeste; l'un passera
pour l'autre.

Je lui fis une profonde révérence, et m'en
allai. Il vint quinze jours après à Saint-Médard;
monsieur le curé m'en avertit, je me rendis à
la descente de son carrosse.

Il voulut bien aller à pied visiter la maison
que je voulois louer pour les petits orphelins,
et la trouva commode; il fit deux rues à pied,
et s'étant aperçu que ma robe et mes jupes
traînoient à terre, il voulut absolument qu'un
de mes laquais prît mes queues, quoique je
m'en défendisse par respect.

Je n'étois pas tombée dans la même faute
qu'à sa dernière audience, et je n'avois ni mouches ni pendants d'oreilles.

— Monseigneur, répondis-je, j'attendois
votre Éminence.

Il se mit à rire, et ne laissa pas de louer fort
mon habillement.

— Il seroit à souhaiter, dit-il tout haut, que
toutes les dames fussent habillées aussi modestement.

Il y en avoit là plus d'une qui pensoient en
elles-mêmes que quand il n'y étoit pas je
faisois un peu plus la belle. L'établissement
des orphelins réussit et va fort bien.

Peut-on s'imaginer que quelque chose eût
pu troubler une vie si délicieuse? Ce fut monsieur Mansard, surintendant des bâtiments,
qui par amitié vint m'avertir que cinq ou six
personnes avoient demandé mon appartement
au Luxembourg, en disant au roi que je ne
m'en souciois point, et que j'avois une maison
au faubourg Saint-Marceau, où je demeurois

toujours, qu'il m'avoit défendu plusieurs fois, mais qu'à la fin il succomberoit, à moins que je ne revinsse loger au Luxembourg.

Je l'ai cru, et m'en suis bien repentie depuis; je revins dans cette malheureuse maison, et j'allai le soir chez monsieur Terrac, où l'on joue continuellement; je rejouai et perdis des sommes immenses, je perdis tout mon argent et ensuite mes pendants d'oreilles et mes bagues; il n'y eut plus moyen de faire la belle.

La rage me prit, je vendis ma maison du faubourg Saint-Marceau, je la perdis; je ne songeai plus à m'habiller en femme, et m'en allai voyager pour cacher ma misère et ma honte, et tâcher de dissiper mon chagrin.

Je mis avant que de partir la pauvre petite Dany dans une communauté où elle se conduisit à merveille; elle se fit deux ans après religieuse, et je payai sa dot.

III

LES INTRIGUES DE L'ABBÉ AVEC LES PETITES ACTRICES MONTFLEURY ET MONDORY (1).

JE ne doute point, madame, que l'histoire de la marquise de Banneville ne vous ait fait plaisir : j'ai été ravie de me voir en quelque façon autorisée par l'exemple d'une personne si aimable ; j'avoue pourtant que son exemple ne doit pas tirer à conséquence. La petite marquise pouvoit bien

_____

(1) Il y a certainement entre ce chapitre et le précédent une lacune causée par la destruction d'un des fragments du manuscrit original. C'est l'introduction d'un personnage épisodique, la marquise-marquis de Banneville dont le caractère a dû se développer dans des pages qu'on ne retrouve pas.

faire des choses qui m'étoient défendues, sa prodigieuse beauté la mettant à l'abri de tout. Mais pour revenir à mes aventures particulières, nous demeurâmes encore cinq ou six jours à la campagne ; il fallut enfin la quitter pour retourner à Paris et au palais. La présidente ramena la petite Montfleury à son père, et lui fit promettre de l'envoyer quelquefois souper chez elle, et coucher quand il seroit trop tard. Cela arrivoit souvent : le carrosse de la présidente la ramenoit le lendemain matin, et il n'y paraissoit pas.

Cependant le marquis de Carbon qui avoit fait ses affaires dans ses terres, revint à Paris et me vint chercher en arrivant. Il étoit sept heures du soir ; il trouva dans la cour monsieur le président qui rentroit chez lui ; ils se firent bien des compliments ; le président aimoit le marquis.

— Vous venez voir ma nièce, lui dit-il, elle est plus jolie que jamais ; elle est avec ma femme, je vais vous présenter.

Ils montèrent ensemble ; le marquis salua la présidente et me fit aussi cet honneur-là. On commença une belle conversation qui dura jusqu'à ce que monsieur le président vînt annoncer que le souper étoit servi, et prier le marquis d'en être. Il ne se fit pas prier, mais il se repentit d'être demeuré lorsqu'il vit arriver mademoiselle de Mondory que le président avoit envoyé chercher dans son carrosse pour souper au logis. La jalousie du marquis se réveilla; il faisoit ce qu'il pouvoit pour paroître de bonne humeur, mais je lisois dans son cœur, tout étoit forcé en lui, et de temps en temps il me jetoit des regards de tendresse, de dépit, et quelquefois de colère. La petite Mondory triomphoit et m'accabloit de caresses :

— Allons, mademoiselle, me disoit-elle malicieusement, il est tard, allons dans notre chambre, il faut nous friser pour demain.

Le marquis n'y put tenir davantage; ce qu'il voyait le mettoit au désespoir, il s'approcha de mon oreille, et me dit tout bas :

— Je vous laisse avec votre comédienne, je ne troublerai point vos plaisirs.

Il s'en alla brusquement; j'eusse bien voulu l'adoucir par quelques petites paroles, je ne le voulois pas perdre, et mon cœur se gouvernoit à son ordinaire, il balançoit entre elle et lui.

Mais je fus véritablement touchée la première fois que nous allâmes à la comédie; nous étions dans la première loge que le président avoit fait louer; la présidente, une de ses amies, le marquis et moi étions au premier rang; on joua *Venceslas*, pièce de Rotrou; la

petite Mondory y faisoit le premier rôle, mais
quand elle me vit dans la loge, parée et contente auprès du marquis, elle se mit à pleurer
si fort qu'à peine pouvoit-elle dire ses vers ; je
me mis à pleurer aussi, voyant bien que c'étoit
moi qui lui faisois verser tant de larmes. Le
marquis s'en aperçut et me dit tout bas :

— Mademoiselle, vous l'aimez encore.

— Monsieur, lui répliquai-je, je n'irai
jamais à la comédie.

Ma réponse le toucha, et sans me le dire, il
alla prier mademoiselle de Mondory de me
venir voir; elle n'en voulut rien faire et se
sauva derrière le théâtre, toujours pleurant;
elle feignit un mal de dents épouvantable.

Pour l'effacer entièrement de mon esprit, je
résolus d'aller voyager tout de bon, pour dissiper mon chagrin, quitter, si je le pouvois,
toutes mes petites enfances, qui commençoient
à n'être plus de saison, et m'attacher à quelque chose de plus solide; je n'étois plus dans
cette grande jeunesse qui fait tout excuser,
mais je pouvois encore passer pour femme, si
j'eusse voulu. J'amassai donc le plus d'argent
que je pus, remis mes affaires entre les mains
du président, et partis pour l'Italie avec un
justaucorps et une épée.

J'y ai demeuré dix ans, à Rome ou à Venise,
et m'y suis abîmé dans le jeu. Une passion

chasse l'autre, et celle du jeu est la première de toutes : l'amour et l'ambition s'émoussent en vieillissant, le jeu reverdit quand tout le reste se passe.

Adieu, madame, je vous conterai quand vous voudrez mes voyages d'Italie et d'Angleterre.

IV

LA COMTESSE DES BARRES.

UAND ma mère mourut, elle jouissoit de plus de vingt-cinq mille livres de rente ; elle avoit eu cinquante mille écus en mariage, quatre mille francs de douaire, qui faisoient un fonds de quatre-vingts mille francs, huit mille livres de pension d'un grand prince, et six mille francs d'une grande reine, son ancienne amie, et cependant elle ne laissa que douze cents francs d'argent comptant, des pierreries, des meubles, de la vaisselle d'argent, mais aussi elle ne devoit pas un sol.

Nous étions trois frères : j'étois le cadet :
l'aîné était intendant de province, le second
avoit un régiment, et moi j'avois dix mille
livres de rente de patrimoine, tant du côté de
mon père que du côté d'une tante qui m'avoit
fait son héritier, et quatorze mille livres de
rente en bénéfices.

Je dis d'abord à mes frères que je voulois
faire nos partages du bien de ma mère ; ils
m'avoient fait émanciper, afin de n'avoir pas
un tuteur incommode avec qui il eût fallu discuter toutes les affaires de la maison ; ils ac-
ceptèrent ma proposition, se doutant que je les
traiterois bien.

Nous avions par nos partages à peu près
soixante et dix mille livres du bien de ma mère ;
je pris dans mon lot les pierreries pour vingt
mille francs, pour huit mille francs de meubles
et six mille francs de vaisselle d'argent. Cela
faisoit trente-quatre mille francs ; il en restoit
trente-six pour achever ma part ; je les abandonnai à mes frères, et tout ce qui étoit dû à ma
mère, tant de ses pensions que de son douaire,
ce qui montoit encore à plus de quarante mille
livres. Nous fûmes tous trois contents.

J'étois ravi d'avoir de belles pierreries ; je
n'avois jamais eu que des boucles d'oreilles de
deux cents pistoles et quelques bagues, au lieu
que je me voyois des pendants d'oreilles de dix

mille francs, une croix de diamants de cinq
mille francs et trois belles bagues. C'étoit de
quoi me parer et faire la belle, car depuis mon
enfance j'avois toujours aimé à m'habiller en
fille, mon aventure de Bordeaux le prouve
assez, et quoique j'eusse alors vingt-deux ans,
mon visage ne s'y opposoit point encore.

Je n'avois point de barbe, on avoit eu soin,
dès l'âge de cinq ou six ans, de me frotter tous
les jours avec une certaine eau qui fait mourir
le poil dans la racine, pourvu qu'on s'y prenne
de bonne heure; mes cheveux noirs faisoient
paroître mon teint passable, quoique je ne
l'eusse pas fort blanc.

Mon frère aîné étoit toujours dans les inten-
dances, et l'autre à l'armée, même l'hiver.
Monsieur de Turenne qui l'aimoit fort, lui
faisoit donner de l'emploi toute l'année pour
l'avancer. Une campagne d'hiver, où l'on ne ha-
sarde point sa vie, avance plus que deux campagnes d'été, où l'on peut être tué à tout
moment; la raison en est bien aisée à trouver,
c'est que la plupart des jeunes gens veulent
venir passer l'hiver à Paris pour aller à la
comédie, à l'opéra, et voir les dames; il y en a
peu qui sacrifient le plaisir à la fortune.

Je n'étois donc contraint de personne, et je
m'abandonnai à mon penchant. Il arriva même
que madame de la Fayette, que je voyois fort

souvent, me voyant toujours fort ajusté avec
des pendants d'oreilles et des mouches, me dit
en bonne amie que ce n'étoit point la mode
pour les hommes, et que je ferois bien mieux
de m'habiller en femme.

Sur une si grande autorité, je me fis couper
les cheveux pour être mieux coiffée, j'en avois
prodigieusement, et il en falloit beaucoup en
ce temps-là quand on ne vouloit rien emprun-
ter; on portoit sur le front de petites boucles,
et de grosses aux deux côtés du visage et tout
autour de la tête, avec un gros bourrelet de
cheveux, cordonné avec des rubans ou des
perles, si on en avoit.

J'avois assez d'habits de femme, je pris le
plus beau, et allai rendre visite à madame de
la Fayette, avec mes pendants d'oreilles, ma
croix de diamants; elle s'écria en me voyant :

— Ah! la belle personne ! Vous avez donc
suivi mon avis, et vous avez bien fait. Demandez plutôt à monsieur de la Rochefoucault(qui
étoit alors dans sa chambre).

Ils me tournèrent et retournèrent, et furent
fort contents.

Les femmes aiment qu'on suive leur avis,
et madame de la Fayette se crut engagée à
faire approuver dans le monde ce qu'elle
m'avoit conseillé, peut-être un peu légèrement.
Cela me donna courage, et je continuai pen-

dant deux mois à m'habiller tous les jours en
femme ; j'allai partout faire des visites,à l'église,
au sermon, à l'opéra, à la comédie, et il me
sembloit qu'on y étoit accoutumé ; je me faisois
nommer par mes laquais madame de Sancy.

Je me fis peindre par Ferdinand, fameux
peintre italien, qui fit de moi un portrait qu'on
alloit voir ; enfin je contentai pleinement mon
goût.

J'allois au Palais-Royal toutes les fois que
Monsieur étoit à Paris ; il me faisoit mille
amitiés, parce que nos inclinations étoient
pareilles ; il eût bien souhaité pouvoir s'habiller
aussi en femme, mais il n'osoit, à cause de sa
dignité (les princes sont emprisonnés dans leur
grandeur); il mettoit les soirs des cornettes,
des pendants d'oreilles et des mouches, et se
contemploit dans des miroirs.

Encensé par ses amants, il donnoit tous les
ans un grand bal, le lundi gras. Il m'ordonna
d'y venir en robe détroussée, à visage découvert, et chargea le chevalier de Pradine de me
mener à la courante.

L'assemblée fut fort belle : il y avoit trente-
quatre femmes parées de perles et de diamants.
On me trouva assez bien, je dansois dans la
dernière perfection et le bal étoit fait pour moi.

Monsieur le commença avec mademoiselle
de Brancas qui étoit fort jolie (ça été depuis

la princesse d'Harcourt), et un moment après il alla s'habiller en femme et revint au bal en masque. Tout le monde le connut, d'abord il ne cherchoit pas le mystère, et le chevalier de Lorraine lui donna la main; il dansa le menuet, et alla s'asseoir au milieu de toutes les dames; il se fit un peu prier avant que d'ôter son masque, il ne demandoit pas mieux, et vouloit être vu. On ne sauroit dire à quel point il poussa la coquetterie en se mirant, en mettant des mouches, en les changeant de place, et peut-être que je fis encore pis; les hommes, quand ils croient être beaux, sont une fois plus entêtés de leur beauté que les femmes.

Quoi qu'il en soit, ce bal me donna une grande réputation, et il me vint force amants, la plupart pour se divertir, quelques-uns de bonne foi. ·

· Cette vie étoit délicieuse, lorsque la bizarrerie, ou pour mieux dire la brutalité de monsieur de Montausier me renversa tout.

Il avoit amené monsieur le dauphin à Paris, à l'Opéra, et l'avoit laissé dans une loge avec· la duchesse d'Usez, sa fille, pour aller faire des visites dans la ville; il n'aimoit pas la musique. L'Opéra étoit commencé il y avoit une demi-heure, lorsque madame d'Usez m'aperçut dans une loge de l'autre côté du parterre, mes pen-

dants d'oreilles brilloient d'un bout de la salle
à l'autre; madame m'aimoit fort, elle eut envie
de me voir de plus près, et m'envoya La...,
qui étoit à monsieur le dauphin, me dire de la
venir trouver; j'y allai aussitôt, et l'on ne sauroit dire toutes les amitiés que le petit prince
me fit; il pouvoit avoir douze ans.

J'avois une robe blanche à fleurs d'or, dont
les parements étoient de satin noir, des rubans
couleur de rose, des diamants, des mouches.
On me trouva assez jolie; monseigneur voulut
que je demeurasse dans sa loge, et me fit part
de la collation qu'on lui servit; j'étois à la joie
de mon cœur.

Rabatjoie arriva; monsieur de Montausier
venoit de ses visites; d'abord madame d'Usez
lui dit mon nom, et lui demanda s'il ne me
trouvoit pas bien à son gré. Il me considéra
quelque temps, et puis me dit:

— J'avoue, madame ou mademoiselle (je ne
sais pas comment il faut vous appeler), j'avoue
que vous êtes belle, mais en vérité n'avez-vous
point de honte de porter un pareil habillement
et de faire la femme, puisque vous êtes assez
heureux pour ne l'être pas? Allez, allez vous
cacher, monsieur le dauphin vous trouve fort
mal comme cela.

— Vous me pardonnerez, monsieur, reprit le
petit prince, je la trouve belle comme un ange.

J'étois très fâchée, et je sortis de l'Opéra sans retourner à ma loge, résolue de quitter tous ces ajustements qui m'avoient attiré une si fâcheuse réprimande ; mais il n'y eut pas moyen de m'y résoudre, je pris le parti d'aller demeurer trois ou quatre ans dans une province où je ne serois point connue, et où je pourrois faire la belle tant qu'il me plairoit.

Après avoir examiné la carte, je crus que la ville de Bourges me convenoit ; je n'y avois jamais été, ce n'étoit pas un passage pour aller à l'armée, et j'y pourrois faire ce qu'il me plairoit.

Je voulus aller moi-même reconnoître les lieux ; je partis dans le carrosse de Bourges, avec un seul valet de chambre, nommé Bouju, qui étoit à moi depuis mon enfance. J'avois pris une perruque blonde, moi qui avois les cheveux noirs, afin que quand j'y retournerois personne ne me reconnût.

Nous arrivâmes à la meilleure hôtellerie, et dès le lendemain je me promenai dans la ville que je trouvai assez à mon gré. Je m'informai s'il n'y avoit point de maison de campagne à vendre dans le voisinage ; on me dit que le château de Crespon étoit en décret, et qu'il appartenoit à un trésorier de France, nommé M. Gaillot.

J'allai voir la maison et trouvai un lieu char-

mant, une maison bâtie depuis vingt ans,
qu'on voulait vendre toûte meublée, un parc
de vingt arpents, des parterres,. des potagers,
des eaux plates, un petit bois, de bonnes mu-
railles, et au bout du parc une grande grille de
fer qui donnoit sur un ruisseau qui eût porté
bateau s'il n'y avoit eu dessus plusieurs moulins où l'on venoit moudre, pour la plus grande
partie, de la farine pour la ville de Bourges;
mais je remarquai que vis-à-vis du parc il y
avoit une demi-lieue où il n'y avoit point de
moulins, et que je pourrois y avoir une petite
berge pour me promener.

Je fus charmée; l'on me dit que le décret se
poursuivoit au Châtelet de Paris; je n'en voulus pas voir davantage et repartis pour Paris,
impatient de me faire adjuger la seigneurie de
Crespon; il y avoit un gros village.

Dès que je fus arrivée, j'allai chercher les
procureurs dont j'avois pris les noms et la
demeure; ils me dirent que la terre avoit été
adjugée à vingt et un mille livres, et que pour
y revenir il falloit tiercer, c'est-à-dire en donner vingt-huit mille livres.

On m'avoit assuré à Bourges qu'elle valoit
plus de dix mille écus; j'en avois envie, je tier-
çai, et fus envoyée en possession de la terre.
Ce fut monsieur Acarel, mon homme d'affaires, qui la prit en son nom, et m'en fit le

même jour une déclaration ; il partit quelques jours après pour en aller prendre possession ; je lui avois confié mon dessein.

Monsieur Gaillot le reçut à merveille, il gagnoit sept mille francs à quoi il ne s'attendoit pas. Monsieur Acarel lui dit que la terre étoit pour une jeune veuve nommée madame la comtesse *des Barres*, qui vouloit s'y venir établir.

Acarel conserva le concierge, et monsieur Gaillot lui promit d'avoir l'œil à tout jusqu'à ce que madame la comtesse fût arrivée.

Monsieur Acarel revint enchanté de ma nouvelle acquisition : je brûlois d'envie de partir, mais il me fallut plus de six semaines pour faire mes préparatifs. J'écrivis à mes frères que j'allois voyager pendant deux ou trois ans, et que je laissois une procuration générale à monsieur Acarel.

Bouju avoit une femme fort adroite qui me coiffoit parfaitement bien ; mais quand je lui eus dit que je ne voulois plus quitter l'habit de femme, elle me conseilla de continuer à me faire couper les cheveux à la mode, et je le fis ; il n'y avoit plus moyen de s'en dédire.

Je me fis faire deux habits magnifiques d'étoffes d'or et d'argent, et quatre habits plus simples mais fort propres ; j'eus des garnitures de toutes sortes, des rubans, des coiffes, des

gants, des manchons, des éventails et tout le
reste, jugeant bien que dans une province je
ne trouverois rien de tout cela.

Je renvoyai tous mes valets, sous prétexte
de mon voyage, et je les payai ; ensuite je louai
une petite chambre garnie auprès du Palais, et
Bouju m'alla louer dans le faubourg Saint-
Honoré une maison pour un mois, où il fit
conduire mon carrosse, quatre chevaux et un
cheval de selle ; il arrêta aussi un bon cocher,
un cuisinier, un palefrenier pour servir de
postillon, une femme de chambre pour m'habiller et me blanchir, et trois laquais, deux
grands et un petit pour me porter la queue ; il
fit repeindre mon carrosse en ébène, et y fit
mettre des chiffres avec une cordelière pour
marquer la veuve, et quand tout fut prêt, il vint
me trouver à ma petite chambre.

Sa femme m'apporta une grisette fort
propre que je mis avec des coiffes et un masque ; cela étoit fort commode en ce temps-là,
et l'on ne craignoit point d'être reconnu.

Bouju alla payer son hôtesse, et nous mon-
tâmes dans un carrosse de louage qui nous
attendoit à la porte.

Nous allâmes à la maison du faubourg
Saint-Honoré, où mes nouveaux domestiques
reconnurent madame la comtesse des Barres
pour leur maîtresse. Ils parurent assez contents

de ma vue, et je leur promis de leur faire du bien, pourvu qu'ils me servissent avec affection et qu'ils n'eussent point de querelle ensemble.

Deux jours après, nous partîmes pour aller à Bourges ; je voulus que monsieur Acarel vînt m'y installer, il étoit dans mon carrosse avec madame Bouju. Son mari et Angélique, ma femme de chambre, étoient dans le carrosse de voiture ; mon cuisinier étoit sur mon cheval de selle.

J'avois dans les coffres de mon carrosse ma vaisselle d'argent, et sous mes pieds ma cassette de pierreries, que je ne perdois pas de vue ; mes meubles, lits, tapisseries, habits, linges, étoient dans les magasins du carrosse public, où l'on avoit mis deux chevaux de plus, tant il étoit chargé, quoique nous fussions au mois de mai, où les chemins sont beaux.

Nous partîmes le même jour et nous fîmes les mêmes traites que le carrosse de voiture, afin que je pusse avoir mes gens tous les soirs pour me servir.

La première couchée, en descendant de carrosse, je vis un de mes cousins germains sur la porte de l'hôtellerie, mais je n'ôtai pas mon masque, et il n'y connut rien ; nous étions partis le lendemain avant qu'il fût éveillé.

En arrivant à Bourges, nous allâmes des-

cendre chez monsieur Gaillot ; monsieur Acarel lui avoit écrit le jour et l'heure que nous
devions arriver, il vint au-devant de nous dans
son carrosse à un quart de lieue de la ville ; il
monta dans le mien, et monsieur Acarel et
madame Bouju montèrent dans le sien.

J'étois bien aise de l'entretenir en particulier ; il me fit le portrait de toute la ville de
Bourges, et me parut homme de bon esprit ;
il avoit pourtant dérangé ses affaires, mais il
lui restoit encore du bien. Nous arrivâmes chez
lui, il me présenta à sa femme et me mena
dans son appartement où il me laissa sans
songer à m'entretenir : je jugeai qu'il n'étoit
pas trop provincial.

J'allai, dès le lendemain, voir ma maison
qui me plut encore davantage, et j'y fis porter
tous mes meubles ; il fallut pourtant que je
demeurasse quatre ou cinq jours chez monsieur Gaillot, jusqu'à ce que tout fût rangé.

Je ne vis personne à Bourges et ne fis aucune
visite ; j'allois seulement à la messe, et lorsque je m'apercevois qu'on avoit envie de me
voir, j'ôtois mon masque un moment, ce qui
redoubloit la curiosité.

Enfin j'allai m'établir tout de bon à Crespon ; j'y trouvai un curé fort homme de bien
sans faire le bigot ; il aimoit l'ordre et la joie,
et savoit fort bien allier les devoirs de sa pro-

fession avec les plaisirs de la vie. Je vis d'abord
que je m'en accommoderois à merveille ; je lui
appris mon humeur, afin qu'il s'y accommodât,
cela étoit juste, et l'assurai que je ne voulois
point qu'il s'y contraignît pour moi, parce que
je ne me contraindrois point pour lui ; je lui
dis que je serois fort assidue à la paroisse, que
je tâcherois à avoir le carême de bons prédi-
cateurs, que j'aurois soin des pauvres, que je
le priois d'être de mes amis et de venir souvent
souper chez moi sans façon, que je n'en mettrois pas plus grand pot-au-feu et je lui tins
parole.

J'avois toujours à dîner un bon potage et
deux grosses entrées, un gros bouilli et deux
assiettes d'entremets, de bon pain, de bon
vin ; le rôti du soir étoit tout prêt à mettre en
broche quand il arrivoit quelqu'un.

Il y avoit dans mon village deux ou trois
maisons de gentilshommes qui n'étoient pas
fort aisés. Le curé m'amena le chevalier d'Hanecourt qui me parut un esprit doux et médiocre, mais il étoit beau comme le jour, et
le savoit bien. Il avoit été mousquetaire et
avoit fait trois ou quatre campagnes ; le métier
lui avoit semblé rude, et depuis deux ans il
s'étoit remis à prendre des lièvres. Il fit d'abord
le passionné, mais je ne tâtai point de ses
mines, et crus qu'il ne me trouvoit belle que

parce que j'étois riche ; je le traitai pourtant fort honnêtement et souffris ses assi-
duités.

Quand ma maison fut rangée, j'allai à
Bourges. J'affectai d'avoir un habit fort honnête, mais fort simple, des dentelles médio-
cres, point de diamants, des boucles d'oreilles
d'or, une coiffure fort modeste, des coiffes que
je n'ôtai point dans mes visites, des rubans
noirs, point de mouches.

J'allai descendre chez monsieur et madame
Gaillot, qui me menèrent chez monsieur du
Coudray, lieutenant général. C'étoit un homme
fort laid, mais de bonne mine, et qui avoit
beaucoup d'esprit ; il me reçut avec de grandes
distinctions, et me présenta sa femme et sa
fille. La femme avoit cinquante ans, et on
voyoit bien qu'elle avoit été belle ; la fille en
avoit quinze ou seize, un petit pruneau relavé,
mais si vive, de si bonne humeur, qu'elle en
étoit fort aimable.

Pendant que j'y étois, il vint une visite.
C'étoit la marquise de la Grise avec sa fille
qui me parut fort jolie. Je n'eus pas le temps
de l'examiner, la nuit alloit tomber, je revins
chez moi.

Je fis grande amitié avec la lieutenante
générale qui me rendit ma visite dès le lendemain; j'eus le plaisir de lui montrer les appar-

tements tournés et meublés autrement qu'elle ne les avoit vus.

Ma grande chambre étoit magnifique : une tapisserie de Flandre des plus fines, un lit de velours incarnat avec des franges d'or et de soie, des sièges de commodité que j'avois fait de mes vieilles jupes, une cheminée de marbre ; il n'y manquoit que des miroirs, mais j'en eus de fort beaux quinze jours après.

Madame la marquise du Tronc mourut dans son château, à trois ou quatre lieues de Bourges ; ses meubles furent vendus, et j'achetai à fort bon marché deux trumeaux de glace, deux glaces de cheminée, un grand miroir et un chandelier de cristal.

On peut juger que ma chambre en fut bien parée. J'avois de plain-pied une antichambre, une grande chambre, un cabinet et une galerie dans le retour sur le jardin, et dans le double du bâtiment, une chambre à coucher, un petit oratoire et deux garde-robes, avec un degré de dégagement. De l'autre côté de l'escalier étoit une salle à manger avec un petit degré qui montoit de la cuisine. J'avois aussi un appartement bas que je destinai aux hôtes, sans compter un corridor qui régnoit le long du bâtiment, où il y avoit cinq ou six chambres avec de bons lits ; je ne parle point des chambres des valets ni des écuries où il ne manquoit rien.

Je menai madame la lieutenante générale par toute la maison, et lui donnai un fort bon dîner, quoiqu'elle ne fût venue qu'à midi et demi, afin que je ne fisse rien d'extraordinaire. Elle me pria de lui faire l'honneur de venir dîner chez elle le jeudi suivant, et me dit qu'elle y feroit trouver les principales dames de la ville, qui mouroient d'envie de me voir.

Je me rendis au jour marqué, mais je crus devoir mettre mes plus beaux atours; je n'avois encore paru à Bourges que fort négligée.

Je mis un corps de robe d'une étoffe à fond d'argent et brodée de fleurs naturelles, une grande queue traînante, la jupe de même; ma robe étoit rattachée des deux côtés avec des rubans jaune et argent et un gros nœud par derrière pour marquer la taille; mon corps étoit fort haut et rembourré par devant, pour faire croire qu'il y avoit là de la gorge, et effectivement j'en avois autant qu'une fille de quinze ans.

On m'avoit mis dès l'enfance des corps qui me serroient extrêmement et faisoient élever la chair, qui étoit grasse et potelée. J'avois eu aussi fort grand soin de mon col que je frottois tous les soirs avec de l'eau de veau et de la pommade de pieds de mouton, ce qui rend la peau douce et blanche.

J'étois coiffée avec mes cheveux noirs à grosses boucles, mes grands pendants d'oreilles de diamants, une douzaine de mouches, un collier de perles fausses plus belles que les fines, et d'ailleurs, en me voyant tant de pierreries, on n'eût jamais cru que j'eusse voulu rien porter de faux.

J'avois changé à Paris ma croix de diamants, que je n'aimois point, contre cinq poinçons que je mettois dans mes cheveux ; ma coiffure étoit garnie de rubans jaune et argent, ce qui faisoit fort bien avec des cheveux noirs ; point de coiffe, nous étions au mois de juin, un grand masque qui me cachoit toutes les joues, de peur de hâle, des gants blancs, un éventail, voilà ma parure ; on n'eût jamais deviné que je n'étois pas une femme.

Je montai dans mon carrosse, avec madame Bouju, à onze heures et demie, pour aller à Bourges ; j'arrivai chez madame la lieutenante générale qui alloit monter en carrosse ; elle voulut, en me voyant, remonter chez elle, mais je l'en empêchai quand je sus qu'elle alloit à la messe à l'église cathédrale ; c'étoit la messe des paresseuses, toutes les belles de la ville y étoient et tous les galants ; je montai dans son carrosse et nous y allâmes.

On me regarda tant et plus ; ma parure, ma robe, mes diamants, la nouveauté, tout attiroit l'attention. Après la messe, nous passâmes entre deux haies pour aller à notre carrosse, et j'entendis plusieurs voix dans la foule qui disoient : « Voilà une belle femme » ; ce qui ne laissoit pas que de me faire plaisir.

La compagnie priée nous attendoit au logis ; monsieur le lieutenant général me vint donner la main à la descente du carrosse, et je trouvai dans l'appartement la marquise de la Grise et sa fille, monsieur et madame Gaillot et l'abbé de Saint-Siphorien, qui avoit une abbaye à deux lieues de Bourges ; c'étoit un vieillard qui avoit beaucoup d'esprit, et qui se sentoit encore de la galanterie du temps passé.

— Madame, me dit-il, on m'en avoit beaucoup dit, et j'en trouve encore davantage.

Je répondis à ces civilités, et embrassai madame de la Grise qui me parut bonne femme ; elle n'avoit pas plus de quarante ans et ne faisoit point la belle ; tout son amour-propre s'étoit tourné sur sa fille qui le méritoit bien.

C'étoit de ces petites beautés fines qui n'ont que la cape et l'épée, de petits traits, un beau teint, de petits yeux pleins de feu, la bouche grande, les dents belles, les lèvres incarnates et rebordées, les cheveux blonds, la gorge admirable, et quoiqu'elle eût seize ans, elle n'en paroissoit que douze. Je la caressai fort, elle me plut, je la baisai cinq ou six fois de suite, la mère étoit ravie; je raccommodai sa coiffure qui n'étoit pas de bon air, je lui dis avec amitié qu'elle montroit trop sa gorge, et je lui montrai à attacher sa collerette un peu plus haut; la pauvre mère n'avoit point la parole pour me remercier.

— Madame, lui dis-je, j'ai auprès de moi une femme qui m'a élevée, qui est fort adroite, c'est elle qui me coiffe, et il me semble qu'on me trouve assez bien.

Toute la compagnie s'écria qu'on ne pouvoit pas être mieux coiffée, et qu'on voyoit bien que je venois de Paris où les dames ont le bon air.

— Ce n'est pas, ajoutai-je, que je ne sache me coiffer toute seule; on est quelquefois paresseuse, mais c'est un grand avantage à une demoiselle de se passer quand elle veut de sa femme de chambre.

— Madame, dis-je à madame de la Grise, si vous voulez me confier mademoiselle votre fille pour huit jours, je vous réponds qu'elle saura se coiffer parfaitement. Je lui ferai étudier ce joli métier-là trois heures par jour, je ne la quitterai pas de vue, elle couchera avec moi et sera ma petite sœur.

Madame de la Grise me dit qu'elle auroit

l'honneur de me voir chez moi pour me remercier de toutes les bontés que j'avois pour sa
fille ; je n'insistai pas davantage.

On vint dire qu'on avoit servi, nous étions
douze à table ; la chère fut grande, assez mal
servie, le mari et la femme donnoient à tous
moments des ordres quelquefois différents ;
c'étoit une criaillerie perpétuelle. Pour moi, je
parlois à mes gens en particulier, et puis je ne
les regardois plus ; tout alloit comme il pouvoit, et ordinairement tout alloit bien.

Après le dîner, on but chacun un petit coup
de rossolio de Turin ; on ne connoissoit alors
ni café ni chocolat ; le thé commençoit à
naître.

On passa à quatre heures dans un grand
cabinet où la musique nous attendoit ; elle
étoit composée d'un théorbe, d'un dessus, d'une
basse de viole et d'un violon ; une demoiselle
jouoit du clavecin et prétendoit accompagner,
mais elle le faisoit fort mal, ce n'étoit pas sa
faute, elle s'en étoit défendue autant qu'elle
avoit pu. L'organiste de la cathédrale, qui
devoit faire ce personnage, étoit malade, et
madame la lieutenante vouloit absolument
un concert bon ou mauvais. Il commença et
visa d'abord au charivari. Je ne pus m'empêcher de donner quelques avis à la demoiselle
que son clavecin étoit d'un demi-ton trop bas,

qu'il falloit faire des pauses et observer des silences en de certains endroits ; mes avis ne furent pas inutiles, elle n'en savoit pas assez pour en profiter.

— Mais, madame, me dit le vieil abbé de Saint-Siphorien, vous parlez comme si vous saviez parfaitement la musique ; mettez-vous là et accompagnez.

La pauvre demoiselle sortit aussitôt de sa place, et tout le monde me pressa tant, que je la pris.

Je voulus d'abord donner quelques idées de ma capacité, et je jouai quelques préludes de fantaisie et la *Descente de Mars*, où il faut beaucoup de légèreté de main ; tous les musiciens virent bien à qui ils avoient affaire et me prièrent de régler leur concert. Je n'y eus pas grande peine, j'accompagnois à livre ouvert toutes sortes de musique, même italienne. Le concert joua juste et de mouvement, et il étoit huit heures qu'on ne croyoit pas qu'il en fût six ; madame Bouju vint m'avertir que mon carrosse étoit prêt.

Je n'aimois pas à me mettre à la nuit avec mes pierreries, je pris congé de la compagnie et les priai de me venir voir : ils me le promirent.

Je ne croyois pas qu'ils me tiendroient si tôt parole. Je les vis arriver le lendemain à

midi, dans un grand et vieux carrossse de la
marquise de la Grise ; il en sortit elle et sa
fille, monsieur le lieutenant général, sa femme
et sa fille, et l'abbé de Saint-Siphorien. Il
étoit bon homme, et tout le monde vouloit
l'avoir.

Je vis leur carrosse par la fenêtre. J'étois
véritablement dans mon négligé : une robe
de chambre de taffetas incarnat, un fichu, une
échelle de rubans blancs, des cornettes à dentelles avec des rubans incarnat sur la tête,
pas une mouche, mes petites boucles d'or ; je
descendis en bas et les reçus avec la même
joie que si j'avois été bien parée.

— Mesdames, leur dis-je, vous m'aurez vue
de toutes les façons.

— Je ne sais, madame, dit le vieil abbé,
laquelle de toutes ces façons vous est le plus
avantageuse, mais je sens bien qu'il y a quarante ans j'aurois mieux aimé la bergère que
la princesse.

On se mit à rire. Je proposai d'aller dans le
jardin, et je les menai jusqu'au bois, afin de
donner le temps à mon cuisinier de mettre à la
broche ; une demi-heure après, on nous vint
dire qu'on avoit servi ; le dîner fut petit et
bon.

— Vous n'avez, mesdames, leur dis-je, que
le nécessaire, vous en trouverez toujours

autant, j'ai envie que vous y reveniez souvent.

Je trouvai mademoiselle de la Grise plus
jolie que jamais, et sous prétexte de lui montrer quelque chose sur le clavecin, je l'entretins
en particulier.

— Ma belle enfant, lui dis-je, vous ne m'aimez
point?

Elle se jeta à mon col, au lieu de me
répondre.

— Parlez-moi avec franchise, seriez-vous
bien aise de venir passer huit jours avec moi?

Elle se mit à pleurer et m'embrassa avec
tant de tendresse, que je connus bien que son
petit cœur étoit touché.

— Mais, lui dis-je, madame votre mère y
consentira-t-elle?

— Ma chère mère en meurt d'envie, mais
elle n'oseroit vous en parler, elle a peur que
tout ce que vous avez dit là-dessus ne soit un
compliment.

— Eh bien! ma chère enfant, lui dis-je en
la baisant de tout mon cœur, je ferai tomber
le discours sur votre coiffure, et nous verrons
ce qu'elle dira.

Nous rentrâmes aussitôt où étoit la compagnie, et sous prétexte de quelque ordre que
j'avois à donner, je fis le bec à madame Bouju
qui un moment après passa par la chambre où

nous étions pour aller à ma garde-robe ; je l'appelai et lui dis :

— Madame, voyez un peu la coiffure de mademoiselle de la Grise ; comment la trouvez-vous ?

Elle la tourna, et dit :

— En vérité, madame, c'est dommage qu'une si belle personne, et qui a de si beaux cheveux, soit si mal coiffée à l'air de son visage.

Elle nous fit remarquer ensuite qu'elle avoit trop de cheveux sur le front, et que les boucles qui accompagnoient son visage l'offusquoient et cachoient ses belles joues. Je pris la parole et dis à madame de la Grise :

— Vous voulez bien que je vous envoie demain madame Bouju pour coiffer mademoiselle de la Grise ? vous verrez quelle différence il y aura.

Le vieil abbé interrompit et me dit :

— Est-il juste, madame, que vous vous priviez de vos gens ? Vous offrîtes hier à madame de la Grise de garder sa fille pendant huit jours, et de la rendre savante en coiffure.

— Si madame la comtesse, dit madame la lieutenante générale, m'en offroit autant pour ma fille, je la prendrois au mot.

— Et moi, dit la petite fille, j'en serois bien aise.

— Ah ! madame, s'écria madame de la Grise, n'allez pas sur notre marché !

— Mes belles demoiselles, leur dis-je en riant, je garderai chez moi celle qui m'aimera le mieux.

— C'est moi ! c'est moi ! s'écrièrent-elles toutes deux en même temps, en se jetant à mon col ; leur petite dispute réjouit fort toute la compagnie.

— Ne vous fâchez point, leur dis-je, nous avons de quoi vous contenter toutes deux l'une après l'autre.

Je parlois ainsi afin de faire croire que je les aimois également.

— Il est juste, dit madame de la Grise, que ma fille passe la première, et la voilà toute prête.

— Je n'en suis point jalouse, dit la lieutenante générale, pourvu que la mienne ait son tour.

— Comme il vous plaira, leur dis-je ; je les aime fort toutes deux, et serai ravie de leur rendre un petit service.

Il fut résolu que mademoiselle de la Grise demeureroit chez moi, et que mademoiselle du Coudray y viendroit après faire le même apprentissage.

Ces dames s'en retournèrent à Bourges, et dès le soir on apporta à mademoiselle de la

Grise ses coiffures et du linge. J'envoyai chercher monsieur le curé pour souper avec nous;
il amena le chevalier d'Hanecourt, et je leur
présentai ma petite pensionnaire qui rioit aux
anges; après le souper je renvoyai le curé et
le chevalier.

J'avois impatience de me coucher, et je
crois que la petite fille en avoit aussi bonne
envie que moi. Madame Bouju la coiffa de nuit
et la fit coucher la première dans mon lit, à la
petite ruelle; je vins peu de temps après, et
dès que je fus couchée, je lui dis :

— Approchez-vous, mon petit cœur.

Elle ne se fit pas prier, et nous nous baisâmes d'une manière fort tendre; nos bouches
étoient collées l'une sur l'autre. Je tins longtemps la petite fille entre mes bras, et baisai
sa gorge qui étoit fort belle; je lui fis mettre
aussi la main sur le peu que j'en avois, afin
qu'elle fût encore plus assurée que j'étois
femme; mais je n'allai pas plus loin le premier
jour, je me contentai de voir qu'elle m'aimoit
de tout son cœur.

Le lendemain nous eûmes plusieurs visites
du voisinage; la petite fille s'ennuyoit et me
disoit tout bas :

— Ma belle dame (c'est le nom qu'elle
s'avisa de me donner), que je trouve la journée
longue!

J'entendis ce qu'elle vouloit dire. Dès que nous fûmes couchées, il ne fallut pas lui dire de s'approcher, elle pensa me manger de caresses; je crevois d'amour et je me mis en devoir de lui donner de véritables plaisirs. Elle me dit d'abord que le lui faisois mal, et puis elle fit un cri qui obligea madame Bouju de se lever pour voir ce que c'étoit. Elle nous trouva fort près l'une de l'autre; la petite pleuroit, et toutefois elle eut le courage de dire à Bouju :

— Madame, c'est une crampe à quoi je suis sujette, qui m'a fait bien mal.

Je la baisai de tout mon cœur, et ne quittois point prise.

— Ah! quelle douleur! s'écria-t-elle encore.

— Mademoiselle, dit Bouju qui étoit une vieille narquoise, cela passera, et vous serez bien aise quand vous ne sentirez plus de mal.

En effet, le mal étoit passé et les larmes de douleur devinrent des larmes de plaisir; elle m'embrassoit de toute sa force et ne disoit mot.

— M'aimes-tu bien, mon petit cœur? lui dis-je.

— Hélas! oui; je ne me sens pas, je ne sais ce que je fais. M'aimerez-vous toujours, ma belle dame?

Je lui répondis par cinq ou six baisers fort humides, et je recommençai la même chanson ; elle ne nous donna pas tant de peine que la première fois, la petite fille ne cria plus, elle fit seulement de longs soupirs qui venoient de son cœur ; nous nous endormîmes.

Nos plaisirs ne nous faisoient pas oublier ce que nous avions promis à la mère. Bouju s'appliqua à lui apprendre à se coiffer, mais je lui dis de faire filer ses leçons au moins quinze jours. Je commençois à craindre de perdre de vue ma petite amie, et je ne songeois qu'avec dédain à celle qui lui devoit succéder.

Trois jours après, madame de la Grise vint dîner avec nous. J'avois dit à la petite fille qu'il ne falloit pas lui dire que nous nous aimions tant ; elle m'avoit répondu :

—Oh ! que je n'ai garde, ma belle madame, de dire à ma chère mère les plaisirs que nous avons ensemble ; elle seroit jalouse, car nous couchons presque toujours ensemble et nous ne sommes pas si aises ; j'aime pourtant bien ma chère mère, mais j'aime encore mieux et mille fois davantage la belle madame.

L'innocence de cette pauvre enfant me faisoit plaisir et un peu de peine, mais je rejetois bien loin une pensée qui eût troublé ma joie.

Madame de la Grise trouva sa fille fort bien

coiffée, mais elle n'eut pas le plaisir de la voir à la besogne.

— Madame, lui dis-je, demeurez avec nous le reste de la journée, et vous verrez demain comment elle s'y prend ; mon lit est grand, nous coucherons ensemble, et la petite couchera avec Bouju.

Elle se fit un peu prier et y consentit, puis j'en fus assez fâchée, c'étoit une nuit perdue, mais d'un autre côté, cela établissoit merveilleusement la confiance de la mère. Nous dînâmes, nous nous promenâmes dans le parc, et le soir après souper je fis dire des vers à mademoiselle de la Grise.

J'étois bonne comédienne, c'étoit mon premier métier.

— J'ai choisi, dis-je à la mère, une comédie sainte (c'est *Polyeucte*), elle n'y verra que de bons sentiments.

La petite fille disait les vers assez mal, mais j'avois connu qu'avec un peu d'application, elle les diroit aussi bien que moi ; elle les entendoit, et il suffit d'entendre pour bien prononcer.

Madame de la Grise ne pouvoit se lasser de me remercier ; je lui fis de petites confidences sur sa fille, qu'elle ne se tenoit pas assez droite, qu'elle étoit malpropre, qu'elle ne rangeoit pas ses hardes, afin qu'elle lui en fît de petites réprimandes; cela faisoit merveille et lui faisoit connoître que je voulois son bien et que je n'en étois pas coiffée.

Nous soupâmes et nous nous couchâmes; on avoit seulement mis des draps blancs pour madame de la Grise. Quand nous fûmes couchées, je m'approchai d'elle, je la baisai deux ou trois fois, et puis me mis à ma ruelle, en lui disant :

— Dormons... C'est ainsi, madame, lui dis-je, que j'en use avec votre enfant, et je vous assure qu'elle dort comme un sabot; elle fait de l'exercice toute la journée, court dans le jardin avec Angélique, il faut bien que cela dorme.

Le lendemain, la pauvre mère fut ravie quand elle la vit tourner une boucle avec une adresse surprenante. Bouju lui disoit :

— Je vous assure, madame, que dans quinze jours, mademoiselle en saura autant que moi.

Nous dînâmes, et madame de la Grise s'en alla et nous fit grand plaisir.

— Que nous nous baiserons ce soir! disoit la petite. Il me semble qu'il y a dix ans que je n'ai embrassé la belle madame.

Dès que nous eûmes soupé, nous nous couchâmes ; il falloit bien récompenser le temps perdu. Nous prîmes nos plaisirs ordinaires, la pauvre enfant n'y entendoit pas finesse.

Quatre ou cinq jours après, la lieutenante
générale, sa fille, madame de la Grise et le
bon abbé vinrent dîner avec nous et y passèrent la journée. La petite du Coudray qui
avoit beaucoup d'esprit, disoit continuellement :

— En vérité, mademoiselle de la Grise est
bien longtemps à apprendre à coiffer; il me
semble que j'aurois croqué cela en quatre
leçons; on ne demandoit que huit jours, et il
y en a plus de quinze.

Elle croyoit avancer ses affaires, et les re-
culoit; j'aurois voulu qu'elle eût été bien loin,
j'aimois ma petite amie, et pour elle, je ne
l'aimois point du tout.

Nous fûmes encore trois semaines dans les
plaisirs. Mademoiselle de la Grise se coiffoit
parfaitement bien; je la menai à sa mère, mais
je voulus qu'elle se coiffât toute seule ce jour-
là, sans que Bouju y mît la main, et avant que
de partir, je lui mis aux oreilles de petites
boucles d'un seul rubis entouré de douze petits
diamants, elles étoient fort jolies.

— Je vous ferois bien un plus beau présent,
lui dis-je, mais, mon petit cœur, on en parle-
roit.

Madame de la Grise fut charmée; elle la
montroit à tout le monde et assuroit sur ma
parole qu'elle s'étoit coiffée toute seule ; elle

faisoit quelque façon de lui laisser prendre les petites boucles.

— C'est une bagatelle, lui dis-je, je les avois étant fille, elles ne me conviennent plus.

Madame la lieutenante générale lui dit en riant :

— Si madame la comtesse en donne autant à ma fille, j'en serai bien aise.

C'étoit me l'offrir, il fallut bien la prendre, j'y étois engagée. Je l'emmenai avec moi, et la gardai seulement huit jours; Bouju lui apprit à coiffer si prodigieusement vite, que j'en étois étonnée.

C'étoit un petit esprit vif, ardent, qui se coiffoit le matin, et au lieu de s'aller promener, se décoiffoit l'après-dînée, pour se recoiffer le soir; elle couchoit avec moi, je la baisois en nous couchant, je recevois ses petites caresses, mais je ne me hasardois à rien avec elle. Outre qu'elle n'étoit pas si aimable que mademoiselle de la Grise, je la trouvois plus fine et peut-être plus instruite. Elle n'eût jamais cru comme Agnès qu'on fait les enfants par l'oreille. Elle étoit flatteuse au dernier point, et je l'aurois peut-être aimée si je n'eusse pas vu l'autre.

Enfin, au bout de huit jours, je la ramenai à Bourges, triomphante; elle savoit fort bien se coiffer, et croyoit avoir gagné une bataille, d'avoir appris en si peu de temps. Sa mère prit part à son triomphe.

Mademoiselle de la Grise avouoit qu'il lui avoit fallu un mois pour en apprendre autant :

— Vous savez bien ce qui en est, ma belle madame, me disoit-elle en particulier, mais je me soucie peu que tout le monde me trouve une sotte, pourvu que vous pensiez autrement.

On me vint dire, deux jours après, que monsieur l'intendant étoit arrivé à Bourges pour faire la répartition des tailles; il s'appeloit M. de la Barre, il avoit été intendant d'Auvergne, et prit ensuite l'épée, fit de belles actions à la guerre, et devint vice-roi du Canada, où il est mort.

Je crus qu'il étoit de mon devoir et de mon intérêt de l'aller voir. J'y allai habillée fort modestement, j'avois seulement mes boucles d'oreilles de diamants et trois ou quatre mouches.

La lieutenante générale me présenta, il me reçut à merveille, on lui avoit déjà parlé de moi.

Trois ou quatre jours après, la lieutenante générale m'avertit dès le matin, qu'il devoit me venir voir le lendemain, et qu'il l'avoir priée d'être de la partie.

Je lui préparai une petite fête. Je mis ce jour-

là le plus bel habit que j'eusse. Je me coiffai
avec des rubans jaunes et argent, mes grands
pendants d'oreilles, un collier de perles, une
douzaine de mouches, je n'oubliai rien à mon
ajustement.

Il arriva à midi, avec le lieutenant général,
sa femme et sa fille; dès que je vis son carrosse dans l'avenue, je descendis en bas pour
le recevoir; les intendants sont les rois des
provinces, on ne sauroit leur faire trop d'honneur.

Il parut surpris de la beauté de ma maison et
de la propreté de mes meubles. Je lui proposai
d'aller faire un tour de jardin en attendant
qu'on servît. Monsieur le curé et monsieur le
chevalier d'Hanecourt m'aidèrent à faire les
honneurs.

Une demi-heure après, nous retournâmes à
la maison, et nous vîmes arriver madame et
mademoiselle de la Grise, avec l'abbé de Saint-
Siphorien. On se mit à la table, la chère fut
grande et délicate, tout étoit bon.

Nous passâmes dans mon cabinet, où la musique étoit toute prête. J'avois fait venir les
musiciens de Bourges, et je me mis au clavecin pour accompagner.

— Comment, dit monsieur l'intendant, madame la comtesse en est aussi?

Je ne répondis que par trois ou quatre pièces

de Chambonnière, que je jouai toute seule, et puis le concert commença.

Il étoit composé d'un dessus et d'une basse de viole, d'un théorbe, d'un violon et de mon clavecin; nous ne jouâmes que des pièces que nous avions bien concertées. L'intendant parut charmé; le concert dura jusqu'à six heures du soir.

On proposa la promenade; nous n'avions été qu'à l'entrée du parc, nous allâmes jusques à la grille et nous vîmes sur la petite rivière une berge que j'avois fait faire depuis peu. Il y avoit des sièges bien matelassés, au milieu une table longue couverte de tous les fruits de la saison; les demoiselles, qui ne s'y attendoient pas, furent ravies, et mangèrent bien des pêches.

Nous nous promenâmes pendant plus d'une heure et demie, et quand ont eut fait collation, je proposai de donner la comédie à monsieur l'intendant; j'avois appris à mademoiselle de la Grise une scène de *Polyeucte*.

— Allons, mademoiselle, lui dis-je, prenez le chapeau de monsieur l'intendant, il vous portera bonheur, vous serez *Sévère*, et moi *Pauline*.

Nous commençâmes; le pauvre intendant faisoit de continuelles exclamations.

— J'ai ouï, disoit-il, la Duparc, elle n'approche pas de madame la comtesse.

— Eh ! monsieur l'intendant, lui dis-je, c'est
mon premier métier; j'avois une mère qui
avoit composé une troupe parmi ses voisins et
voisines, et tous les jours, nous jouions ou
Cinna ou *Polyeucte* ou quelque autre pièce de
Corneille.

La petite de la Grise ne joua pas mal. La
nuit approchoit, on rentra dans le parc, il y
avoit encore du chemin, les carrosses étoient
prêts; la compagnie s'en alla fort contente de
la réception que je leur avois faite, et ma paroisse ne s'en trouva pas mal; monsieur le
curé n'oublia pas de la recommander à monsieur l'intendant.

Madame de la Grise avoit besoin de monsieur l'intendant aussi bien que moi, et voulut
aussi lui donner une fête; elle me consulta,
un jour que je l'étois allée voir à Bourges. Je
lui conseillai de lui donner un bon souper et
un bal, point de musique, on ne lui pouvoit
donner rien de nouveau là-dessus :

— Et même si vous voulez, madame, ajoutai-je en riant, je me ferai encore comédienne
pour l'amour de vous; mademoiselle de la
Grise fait assez bien son petit personnage.

Elle me dit qu'il lui falloit huit jours pour
se préparer, et qu'elle me prieroit de venir
voir la disposition de sa maison pour con-
trôler.

— Mais, madame, ma fille joüoit si mal auprès de vous.

— Il est surprenant, lui dis-je, qu'elle joue si bien; je ne lui ai donné que cinq ou six leçons; encore autant, elle fera mieux que moi; un petit voyage à Crespon ne lui seroit pas inutile; elle se fortifieroit dans sa coiffure.

— Madame, me dit madame de la Grise, vous avez trop de bontés pour ma fille, j'ai peur d'en abuser.

Elle ne laissa pas de la faire appeler.

— Ma fille, lui dit-elle, voulez-vous bien aller passer cinq ou six jours avec madame la comtesse ?

Elle ne répondit point, et courut à sa chambre faire son petit paquet qu'elle apporta sous son bras.

— Il me semble, ma fille, que vous n'êtes guère fâchée de me quitter ?

— Ma chère mère, lui répondit-elle, je suis bien aise d'aller avec madame la comtesse.

Nous l'embrassâmes toutes deux, sa réponse avoit été si spirituelle !

Je retournai chez moi; ce fut une véritable joie dans la maison quand on vit la petite fille ; on l'aimoit, et tous les domestiques s'étoient aperçus que je l'aimois de tout mon cœur.

— Mademoiselle, lui dit Bouju, venez-vous encore apprendre quelque chose ? vous savez le frisé, mais vous ne savez pas si bien le tapé.

Nous soupâmes ; il étoit tard, nous mou-
rions d'envie de nous coucher ; la nuit nous
parut plus agréable qu'elle n'avoit encore fait ;
une petite absence aiguise l'appétit.

Le lendemain, il me vint dans l'esprit que
j'étois bien ingrate, et que, depuis plus de six
semaines, je n'avois pas donné signe de vie à
monsieur et madame Gaillot ; je leur envoyai
sur-le-champ mon carrosse avec une lettre par
laquelle je les conjurois de venir passer deux
ou trois jours dans leur maison, et qu'ils en
étoient toujours les maîtres.

Ils ne se firent pas prier, et je les vis arriver
avant midi ; ils voulurent loger dans le dortoir,
ils en connoissoient les lits et choisirent le
meilleur.

Je les régalai le mieux qu'il me fut possible ;
nous allâmes nous promener après dîner ; il
n'y eut pas un coin dans le parc qu'ils ne vou-
lussent voir, et toujours pour admirer les aug-
mentations que j'y avois faites. Enfin ils me
mirent sur les dents, et mademoiselle de la
Grise aussi ; ils s'en aperçurent un peu tard, et
m'en firent bien des excuses :

— Il n'y paroîtra plus, leur dis-je, quand
nous aurons bien dormi.

Nous soupâmes, et madame Gaillot me
pressa de me coucher.

— Je ne suis pas accoutumée, leur dis-je, à
m'endormir de si bonne heure, mais je ne
serai pas fâchée de me coucher, cela me reposera, à condition que nous causerons jusqu'à
minuit.

Bouju vint, et Angélique, mon autre femme
de chambre; on me frisa, on mit mes cheveux
sous des papillottes, on attacha mes cornettes,
on me mit une camisole chamarrée de dentelles d'Alençon, j'ôtai mes boucles d'oreilles
de diamants, et en mis de petites d'or, mes
mouches tomboient assez d'elles-mêmes, et je
me couchai entre deux draps.

— Toutes les dames ne vous ressemblent
pas me dit madame Gaillot, et il faut être
aussi belle que vous êtes, pour avoir si peu
besoin de secours étrangers; votre miroir vous
suffit et vous dit continuellement que vous
avez tout par vous-même.

Mademoiselle de la Grise étoit là toute
droite.

— Allons, allons, petite fille, lui dis-je,
venez vous coucher, vous êtes aussi lasse que
moi.

Angélique l'eut déshabillée en un moment,
elle se mit à sa petite ruelle. Monsieur et
madame étoient dans la grande ruelle, et commençoient à me conter une histoire arrivée
depuis peu à Bourges, lorsque je dis à made-

moiselle de la Grise qui faisoit la sérieuse :

— Approchez-vous, mon enfant ; venez me donner le bonsoir, et puis vous dormirez ; nous ne voulons pas vous contraindre.

Elle s'approcha, et je la pris entre mes bras, et la fis passer du côté de la grande ruelle ; elle étoit sur le dos, et moi j'étois sur le côté gauche, la main droite sur sa gorge, nos jambes entrelacées l'une dans l'autre ; je me penchai tout à fait sur elle pour la baiser.

— Voyez, dis-je à madame Gaillot, la petite insensible ! elle me fait faire tout le chemin, et ne répond point aux amitiés que je lui fais.

Cependant j'avançois mes affaires, je baisois sa bouche plus vermeille que le corail, et lui donnois en même temps de plus solides plaisirs ; elle n'eut pas la force de se tenir et dit à demi haut, avec un grand soupir :

— Ah ! que j'ai de plaisir !

— Vous voilà donc réveillée, ma belle demoiselle, lui dit monsieur Gaillot.

Elle vit bien qu'elle avoit dit une sottise.

— Il est vrai, dit-elle, je mourois de froid quand je suis entrée dans le lit, et présentement j'ai chaud, je suis bien aise.

Je ne la baisois plus et m'étois aussi remise sur le dos.

— Elle ne m'aime point, leur dis-je, et vous voyez que je l'aime bien.

— Le moyen, reprit madame Gaillot, qu'elle n'aime pas une si belle dame.

— Cela n'est pas vrai, dit la petite fille en se mettant à son séant, j'aime la belle dame de tout mon cœur.

Et en même temps elle se jeta sur moi à corps perdu, et me baisoit avec des transports qui marquoient que c'étoit tout de bon.

— Chacun à son tour, lui dis-je; vous étiez froide comme une glace il n'y a qu'un moment, et présentement j'ai envie de l'être, mais je n'en ai pas la force.

En disant cela, je la fis remettre à sa place, et repris, sous prétexte de la baiser, l'attitude convenable à nos véritables plaisirs. Les personnes qui les regardoient les augmentoient encore; il est bien doux de tromper les yeux du public.

Nous nous remîmes ensuite tranquillement sur le chevet; nos têtes étoient l'une auprès de l'autre, et nos corps se joignoient encore de plus près.

— Mon fils, disoit madame Gaillot à son mari, as-tu jamais vu deux visages plus gracieux?

— Il est vrai, lui dis-je, que mon petit cœur est fort joli.

— Et vous, belle madame, vous n'êtes pas jolie, vous êtes belle comme un ange!

Et en disant cela, nous nous baisions.

— Mon enfant est fort jolie, disois-je à madame Gaillot, mais moi, je suis vieille auprès
d'elle ; songez que j'ai vingt ans.

C'est ainsi que se passa la soirée ; nos hôtes
s'en allèrent et nous nous endormîmes.

Le lendemain, monsieur le curé et monsieur
le chevalier d'Hanecourt soupèrent avec nous ;
madame Gaillot me pressa fort de me coucher
comme la veille.

— Ce n'est pas de même, lui dis-je, la compagnie est plus grosse, il faut y faire plus de
façons.

Je me laissai pourtant persuader.

— Ce ne seroit pas pour moi, madame, que
vous vous contraindriez, disoit monsieur le
curé.

La petite fille se coucha aussi et s'approcha
de moi fort près, nos têtes se touchoient, mais
nous ne nous baisions pas.

— Vous ne vous aimez donc plus aujour-
d'hui, dit madame Gaillot, vous ne vous bai-
sez point.

— Monsieur le curé, dis-je en riant, ne le
trouveroit peut-être pas bon.

— Moi, madame ? et qu'y a-t-il de plus innocent ? C'est une sœur aînée qui baise sa cadette.

Après cette permission, je fis passer mademoiselle de la Grise, comme la veille du côté de la grande ruelle et de la compagnie; elle se mit sur le dos (elle savoit bien comment il falloit se mettre) et je m'avançai sur elle pour la baiser.

Ce baiser fut long, et nous n'avions point encore eu tant de plaisir; je quittois sa bouche de temps en temps, et rangeai ma tête sur le chevet à côté de la sienne, mais sans changer la situation de nos corps.

— C'est ma petite femme, disois-je à monsieur le curé.

— Vous êtes donc aussi mon petit mari! s'écria la petite fille en ouvrant les yeux qu'elle avoit tenus longtemps fermés.

— J'y consens, lui dis-je, je serai ton petit mari, et tu seras ma petite femme; voilà monsieur le curé qui y consentira aussi.

— De tout mon cœur, dit-il en riant.

— Et moi, dit monsieur Gaillot, je m'offre à nourrir tous les enfants qui viendront de ce mariage.

Pendant qu'ils se réjouissoient, nous nous réjouissions aussi; j'avais repris ma petite femme, et je la baisois mieux que je n'avois encore fait; nous ne proférions pas une parole, seulement quelquefois : « Mon petit mari, mon cher cœur », et bien des soupirs.

— Voilà donc une affaire faite, dit madame

Gaillot, voilà madame la comtesse mariée; ses amants n'ont qu'à chercher fortune ailleurs.

. Elle disoit cela malicieusement, à cause du chevalier d'Hanecourt qui ne trouvoit pas le mot pour rire à tout ce que nous faisions.

. Nous nous remîmes ensuite à notre séant, avec des petits manteaux fourrés sur nos épaules; il commençoit à faire froid. Puis nous causâmes fort gaîment, je leur lus mes lettres de Paris (on aime les nouvelles dans les provinces), et on s'alla coucher.

Les jours suivants se passèrent aussi agréablement, ce fut une plaisanterie perpétuelle sur notre petit mariage; monsieur et madame Gaillot retournèrent à Bourges, et en parlèrent à tout le monde, et lorsque madame de la Grise me vint voir :

— Comment, mon beau monsieur, me dit-elle en riant, vous épousez ma fille sans me le dire.

— Au moins, lui dis-je, madame, ça été en bonne compagnie et en présence de mon curé.

— Madame, me dit-elle, ma maison est prête, me voulez-vous faire le plaisir de la venir voir? Il est jeudi, ce sera dimanche que je donnerai à souper à monsieur l'intendant.

Je l'assurai que je serois chez elle le lendemain à trois heures après midi; je n'y man-

quai pas, mais je ne ramenai point mademoiselle de la Grise; je dis à sa mère qu'elle avoit
la migraine, que je l'avois fait coucher, et que
dimanche nous irions dîner avec elle.

— Nous aurons, lui dis-je, assez de temps
pour nous habiller, l'intendant ne viendra chez
vous qu'à huit heures du soir.

Je trouvai la maison fort bien disposée, une
grande salle pour les valets, la chambre de
madame de la Grise pour le bal (on en avoit ôté
le lit), son cabinet qui étoit assez grand pour
une retraite qui soulageroit beaucoup la salle
de bal, et sa chambre à coucher pour nous
habiller.

J'approuvai tout, et m'en retournai à Crespon; j'y trouvai ma petite femme qui fut aussi
aise que moi.

Nous avions encore trois jours à être ensemble, et ils furent bien employés. Monsieur le
curé nous tint compagnie les soirs; le chevalier d'Hanecourt n'y vint point, il étoit malade
ou faisoit semblant de l'être; il étoit un peu
jaloux.

Le dimanche, après avoir entendu la grand'
messe, je montai dans mon carrosse avec mademoiselle de la Grise et Bouju. Nous por-
tâmes tout ce qu'il falloit pour nous parer. Nos
cheveux étoient frisés de la veille et sous des
papillotes.

Nous fîmes un dîner fort léger, tant nous
avions envie de nous ajuster. Je voulus absolument que Bouju coiffât mademoiselle de la
Grise la première, elle devoit être la reine du
bal.

Quand elle fut tout à fait habillée et coiffée,
je lui ôtai les boucles d'oreilles de rubis que je
lui avois données, et lui mis mes beaux pendants d'oreilles de diamants; la mère se récria
qu'elle ne le souffriroit point, mais je lui dis
si fortement qu'elle me désobligeroit, qu'enfin
elle y consentit. Je lui mis aussi dans les cheveux mes poinçons de diamants. J'étois ravie
de la voir si belle, et je la baisois de temps en
temps pour ma peine.

— Et vous, madame, dit mademoiselle de
la Grise, vous n'aurez plus rien. Il est vrai
que vous êtes belle, vous n'avez pas besoin
d'être ajustée.

Je mis aussi à ma petite femme douze ou
quinze mouches; on n'en sauroit trop mettre,
pourvu qu'elles soient petites.

Pour moi, j'avois une fort belle robe, bien
coiffée, un collier de perles, des pendants
d'oreilles de rubis; ils étoient faux, mais on les
croyoit fins: le moyen de croire que madame
la comtesse qui avoit tant de belles pierreries,
en voulût porter de fausses?

Il y avoit douze dames priées au souper, et

chacune devoit avoir un cavalier pour la mener à la première courante.

A sept heures, tout étoit arrivé. Monsieur l'intendant ne vint qu'à huit ; on se tint jusques au souper dans le cabinet, et suivant que nous l'avions projeté, nous récitâmes deux scènes de *Cinna;* la petite fille les dit à merveille, et l'on convint que j'étois une bonne maîtresse, mais aussi étoit-elle une bonne écolière.

On avoit mis deux tables dans la salle de bal, de douze couverts chacune, servies toutes deux également; les dames s'étoient partagées. Le souper fut fort bon.

A dix heures et demie, la compagnie repassa dans le cabinet, et l'on rangea la salle de bal; on alluma les bougies, et le bal commença à onze heures, la courante d'abord, et puis les petites danses.

On vint dire à minuit à madame de la Grise qu'il y avoit en bas des masques qui demandoient à entrer; on en fut ravi. Il en parut deux bandes fort propres, on les fit danser aussitôt, mais il y eut un masque qui se distingua extrêmement : il avoit un habit magnifique et dansoit parfaitement bien, personne ne le reconnoissoit. Je dansai souvent avec lui, je mourois d'envie de le connoître ; il ne voulut point ôter son masque. Je le menai dans le cabinet et je le pressai tant, quand nous fûmes seuls, qu'il me fit voir le visage du chevalier d'Hanecourt.

J'avoue que cette galanterie me toucha, et je le priai de ne se point démasquer, puisqu'il n'étoit venu au bal que pour moi ; on ne l'eût jamais deviné. Il avoit mis à son habit une année de son revenu. Il sortit sans qu'on s'en aperçût, et retourna chez lui.

Nous dansâmes jusqu'à quatre heures, et madame de la Grise ne voulut jamais souffrir que je m'en allasse à cette heure-là ; elle avoit fait mettre des draps blancs au lit de sa petite chambre, et j'y couchai. Elle voulut absolument coucher avec sa fille dans le lit de sa femme de chambre.

Je retournai le lendemain à Crespon, et soupai avec monsieur le curé et le chevalier d'Hanecourt. Je traitai celui-ci mieux qu'à l'ordinaire et lui fis assez d'amitiés ; cela lui donna la hardiesse de s'ouvrir à monsieur le curé sur le dessein qu'il avoit de m'offrir ses services. Il me voyoit une jeune veuve assez bien faite et fort riche, il eût bien voulu m'épouser.

Monsieur le curé qui étoit son ami, m'en fit la proposition, mais de fort loin, et je la rejetai d'encore plus loin.

— Monsieur, lui dis-je, je suis heureuse et

maîtresse de mes actions, je ne veux point me rendre esclave ; j'avoue que le chevalier est fort aimable, je chercherai quelque occasion de lui faire plaisir, mais je ne l'épouserai point.

Après cela, je lui dis que j'étois fâchée que le chevalier eût fait faire un si bel habit pour l'amour de moi, et je lui donnai une bourse où il y avoit cent louis d'or, en le priant de la mettre sur la table du chevalier sans qu'il s'en aperçût ; que s'il m'en parloit, je nierois toujours la chose. Le curé loua ma générosité, et me dit que je ne pouvois jamais mieux l'employer.

Il n'y avoit plus que trois semaines de carnaval, lorsqu'il arriva à Bourges une troupe de comédiens ; j'en fus bientôt avertie par madame la lieutenante générale qui me pria à souper après la comédie ; je n'y manquai pas, et eus assez de plaisir.

Le sieur du Rosan qui faisoit le rôle d'amoureux, jouoit comme Floridor, et il y avoit une petite fille de quinze ou seize ans, qui ne faisoit que les suivantes et que je démêlai comme une très bonne comédienne. Tout le reste des acteurs et des actrices étoient au-dessous du médiocre.

Dans les villes de province, on joue la comédie tous les jours. C'étoit une affaire de retourner tous les soirs à Crespon ; madame de la Grise me proposa de passer le carnaval chez elle.

— Madame, me dit-elle, vous ne m'incommoderez point du tout, je couche toujours dans ma petite chambre. Je vous donnerai la grande, et une garde-robe pour vos femmes.

— Mais, répliquai-je, où couchera mademoiselle de la Grise ?

— Belle demande, dit-elle en riant, avec son mari.

— J'accepte, repartis-je aussi en riant.

Cependant, tout le carnaval je m'acquittai de mon devoir sans que la petite fille se doutât de rien ; elle étoit dans l'innocence, mais ce n'étoit plus le temps de la petite Montfleury. J'allai chez moi le lendemain, et donnai ordre qu'on m'apportât tous les jours à Bourges des chapons gras qu'on élevoit dans ma basse-cour, des légumes du potager, et des fruits d'hiver, dont j'avois une bonne provision ; cela ne laissoit pas de faire plaisir à la cuisine de madame de la Grise.

Nous allions tous les jours à la comédie ; au bout de deux ou trois jours, j'envoyai quérir du Rosan, et lui dis que la petite comédienne étoit capable de jouer les plus grands rôles.

— Il est vrai, madame, me dit-il, mais nos premières comédiennes n'y consentiront jamais, si vous ne vous servez de votre autorité.

J'en parlai à monsieur l'intendant qui les en pria fort honnêtement, et le jour suivant, mademoiselle Roselie (c'étoit son nom) fit le rôle de Chimène dans *le Cid ;* elle s'en acquitta fort bien.

La petite fille me plaisoit, elle étoit fort jolie, j'étois née pour aimer des comédiennes. Je la fis venir chez moi, et lui donnai des avis.

— Ma belle, lui dis-je, il y a des endroits où il faut prononcer des vers fort vite, et d'autres fort doucement ; il faut changer de ton, tantôt haut et tantôt bas ; vous bien mettre dans la tête que vous êtes Chimène, ne point regarder les spectateurs, pleurer quand il le faut, ou du moins en faire semblant.

Je pratiquai devant elle les leçons que je lui donnois ; elle connut bientôt que j'étois maîtresse passée. Dès le lendemain, je reconnus à sa manière de jouer que j'y avois mis la main, sa tante et tous les comédiens me remercièrent.

— C'est un trésor, leur dis-je, que vous aviez chez vous sans le connoître, et ce sera peut-être la meilleure comédienne de son siècle.

Les applaudissements du public les assuroient de la même chose, et leurs parts qui augmentoient tous les jours les persuadoient encore mieux. La petite fille étoit ravie de se voir princesse, et fêtée de tout le monde.

L'archevêque de Bourges arriva dans ce temps-là; il étoit de la maison de***, bon homme, nullement magicien, réglé dans sa conduite, mais il aimoit tous les plaisirs innocents. Madame la lieutenante générale me mena chez lui; il me reçut à merveille, et me parla de ma maison dont on lui avoit fait une peinture un peu flattée. Il me promit de la venir voir, et je le priai de me faire cet honneur-là.

Le dimanche gras, j'allai à Crespon préparer tout pour le recevoir; mes appartements étoient assez bien meublés, mais je fis dresser un théâtre en forme, dans une chambre où il devoit y avoir plus de cent bougies allumées; je voulois donner la comédie au bon évêque sans qu'il en sût rien; je fis avertir secrètement les comédiens.

Il arriva le dimanche à quatre heures, il faisoit un assez beau soleil; je le fis entrer seulement dans le parterre; le froid nous chassa bientôt à la maison, toutes les dames de Bourges s'y étoient rendues. Je menai monseigneur dans la salle de la comédie, et le fis asseoir dans un fauteuil, presque malgré lui.

— Vous êtes à la campagne, monseigneur, lui dîmes-nous, ceci est sans conséquence.

La comédie commença, il ne put s'en dédire; d'ailleurs c'étoit *Polyeucte*, une comédie sainte; il fut tout rassuré.

La petite Roselie fit Pauline, et charma toute la compagnie. Le bon archevêque la fit venir, il avoit grande envie de la baiser, mais il n'osa. Je le fis pour lui, je commençois à l'aimer sérieusement et la regardois comme mon ouvrage.

Le souper suivit la comédie et fut bon et fort long, on y but à la santé de l'archevêque; il étoit minuit quand on retourna à la ville, il n'y eut que madame de la Grise qui demeura avec sa fille.

Je l'avois priée, et j'avois mes petites raisons pour cela, de donner son carrosse pour ramener les comédiens, après qu'ils eurent bien soupé; le mien n'eût pas suffi ; je lui donnai à mon tour le lit de la grande chambre, mais, pour le coup, je fus prise pour dupe, elle fit coucher sa fille avec elle, et je n'eus garde d'insister.

Le lendemain, je retournai à Bourges avec elles, sous prétexte d'aller remercier l'archevêque, mais en effet pour voir Roselie que j'avois bien envie de posséder trois ou quatre jours toute seule à Crespon.

J'allai pour cela à la comédie, deux heures avant qu'elle commençât; tous les comédiens et comédiennes me vinrent remercier, ils étoient charmés de Roselie.

Je pris sa tante à part, et lui dis qu'il ne falloit pas la tuer en la faisant jouer tous les jours et que tout au plus elle ne pouvoit jouer que deux fois la semaine, faisant les grands rôles et ayant quelquefois à dire cinq ou six cents vers.

— Je le vois bien, madame, me dit la bonne tante, mais nos camarades ne songent qu'à gagner de l'argent, et quand elle joue, il y a bien plus de monde.

— Donnez-la-moi, lui dis-je, il est aujourd'hui dimanche, je vous la remènerai jeudi, et à l'avenir, croyez-moi, ne la faites jouer que le dimanche et le jeudi, cela la reposera. Je vous promets même de lui faire répéter son rôle, elle n'en fera pas plus mal.

Elle me remercia fort, et je menai sa nièce coucher à Crespon.

On peut croire aisément qu'elle coucha avec moi. Je la caressai de mon mieux, et la voulus mettre d'abord sur le pied de mademoiselle de la Grise, mais elle résista.

Elle étoit véritablement fort sage, je le vis bien dans la suite, mais elle étoit mieux instruite que la petite de la Grise : une comédienne à seize ans en sait plus qu'une fille de qualité à vingt. Je la pressai, elle m'avoit obligation, et voyoit bien que je l'aimois, je lui promis de ne l'abandonner jamais. Je la tenois entre mes bras et la baisois de tout mon cœur, nos bouches ne pouvoient se quitter, nos deux corps n'en faisoient qu'un.

— Fiez-vous à moi, lui disois-je; vous voyez, mon petit cœur, que je me fie à vous; mon secret, le repos de ma vie est entre vos mains.

Elle ne répondoit point et soupiroit; je la pressois de plus en plus, je sentois que sa résistance mollissoit, je redoublai mes efforts, et achevai cette sorte de combat où le vainqueur et le vaincu se disputent l'honneur du triomphe.

Il me sembloit que j'avois encore plus de plaisir avec elle qu'avec mademoiselle de la Grise; la condition et l'innocence de l'une étoient bien remplacées par la gentillesse de l'autre qui avoit tous les agréments de la coquetterie.

Notre coup d'essai devint la règle de notre vie, son plaisir lui fit croire aisément que je l'aimerois toujours; elle m'accabloit d'amitiés, et je fus obligée de la conjurer de modérer sa tendresse aux yeux du public, quoique nous pussions nous donner les marques les plus fortes sans craindre la médisance.

Le jeudi suivant, je ne manquai pas de ramener Roselie à Bourges; on trouva qu'elle faisoit toujours de mieux en mieux.

J'allai souper chez monsieur le lieutenant général, mademoiselle de la Grise y étoit, fort négligée et fort triste; je l'aimois encore, quoique la petite comédienne eût pris le dessus, et je lui demandai avec amitié ce qu'elle avoit; elle se mit à pleurer et s'enfuit. Je lui reparlai encore après souper.

— Hélas! madame, me dit-elle, pouvez-vous me demander ce que j'ai? Vous ne m'aimez plus, et vous allez coucher à Crespon avec Roselie; elle est plus aimable que moi, mais elle ne vous aime pas tant.

Je la laissois dire et ne savois que lui répondre, lorsque sa mère me pria de passer dans son cabinet, et me dit que monsieur le comte des Goutes demandoit sa fille en mariage.

C'étoit un gentilhomme du pays, qui avoit huit à dix mille livres de rente; je lui conseillai de ne pas manquer cette affaire-là, tant pour me délivrer de l'importunité de la petite fille, que parce qu'elle étoit bonne, et aussi à cause de mes remords. J'avois toujours peur que le petit commerce que nous avions ensemble ne produisît quelque mauvais effet qui eût étrangement embarrassé la compagnie, au lieu qu'avec Roselie j'allois à bride abattue, sans avoir peur de faire un faux pas.

Huit jours après, on déclara le mariage de mademoiselle de la Grise avec le comte des Goutes, et j'allai à Bourges leur faire mes compliments.

Je crus être obligée, en honneur et conscience, de donner des avis à mademoiselle de la Grise.

— Ma chère enfant, lui dis-je, vous allez vous marier, il faut tâcher d'être heureuse. Votre mari est bien fait, et paroît fort honnête homme, il vous aime, mais il ne sera pas toùjours amant, il faut vous attendre à excuser ses humeurs. Vous êtes sage, il ne faut jamais lui donner lieu d'être jaloux. Ne songez qu'à lui plaire, vous attacher à votre ménage, avoir bien soin de vos enfants, si Dieu vous fait la grâce d'en avoir ; c'est la bénédiction du mariage et le plus doux lien des gens mariés.

Mais écoutez-moi, ma chère enfant, je crois que vous vous souvenez assez des heureuses nuits que nous avons passées ensemble ; souvenez-vous bien de faire par raison, avec votre mari, la première nuit de vos noces, tout ce que vous fîtes avec moi naturellement et sans savoir ce que vous faisiez. Laissez-vous longtemps presser, défendez-vous, pleurez, criez, afin qu'il croie vous apprendre ce que je vous ai appris; de là dépend toute la douceur de votre vie. Je vous ouvre les yeux présentement, parce qu'il le faut absolument; vous ne devez pas être en peine de votre secret, je suis aussi intéressée que vous à le garder.

La pauvre fille se mit à pleurer. Sa mère entra dans le cabinet où nous étions.

— Madame, lui dis-je, elle pleure, il faut louer sa modestie.

Sa mère la baisa :

— Ma fille, lui dit-elle, vous avez bien de l'obligation à madame la comtesse; suivez les conseils qu'elle vous donnera, et cachez vos larmes.

Nous rentrâmes dans la chambre où étoit la compagnie. Le lendemain, l'archevêque les maria lui-même, et trois jours après, les mariés allèrent à leur terre qui est à sept lieues de Bourges. Je leur promis de les aller voir, et je leur tins parole deux mois après.

Elle étoit déjà grosse; je la trouvai occupée de son mari et du plaisir d'avoir une maison arrangée. C'est un grand plaisir pour une jeune femme qui sort de dessous l'aile de sa mère et qui ordonne en maîtresse. Il me parut que je ne lui étois pas encore tout à fait indifférente, mais à la fin la vertu fit en elle ce que l'inconstance avoit fait en moi.

Après Pâques, l'archevêque s'en alla à Paris, l'intendant n'étoit plus à Bourges, toute la noblesse qui y passoit l'hiver étoit allé chacun dans son village. Les comédiens ne gagnèrent pas de quoi payer les chandelles, ils annoncèrent leur départ.

Roselie pleuroit nuit et jour dans la crainte de me quitter; j'en étois aussi fâchée qu'elle. Je menai sa tante à Crespon, et lui dis que je voulois faire la fortune de sa nièce, que si elle vouloit me la donner, je la mènerois à Paris dans six mois, et la ferois recevoir à l'hôtel de Bourgogne, sa capacité et mes amis m'assurant de réussir dans mon dessein. J'appuyai ma proposition d'une bourse de cent louis d'or, que je mis dans la main de la bonne tante; elle n'en avoit jamais tant vu ensemble.

— Il faudroit, madame, que j'eusse perdu le sens, si je refusois la fortune de ma nièce; je vous la donne, et j'espère que vous ne l'abandonnerez pas.

Notre marché conclu, elle retourna à Bourges, et dit à la troupe qu'elle n'étoit plus en peine de sa nièce, et que madame la comtesse s'en étoit chargée. C'étoit une grande perte pour eux, mais telle est la destinée des comédiens de campagne, dès que quelqu'un d'eux devient bon, il quitte, et vient à Paris.

En effet, du Rosan leur joua bientôt après le même tour. Floridor connoissoit son mérite, et le pressoit depuis six mois d'aller à Paris. Il étoit chef de sa troupe, et il aimoit la petite

Roselie qu'il prévoyoit devoir être un jour une bonne comédienne; cela le retenoit, mais quand il vit que j'avois pris la petite fille, il n'hésita plus, il alla s'offrir à l'hôtel de Bourgogne, et il y fut reçu avec l'acclamation du public.

Dès que les comédiéns furent partis, je retournai à ma maison, et ne vins plus guères à Bourges; j'avois avec moi Roselie que j'aimois fort, et madame la comtesse des Goutes s'en étoit allée avec son mari.

Je ne songeois plus à elle, une femme mariée ne m'étoit plus rien, le sacrement effaçoit d'abord tous ses charmes. Monsieur le curé et le chevalier d'Hanecourt nous tenoient compagnie; le chevelier avoit pris son parti en homme sage, et s'étoit réduit à être de mes amis.

Je mis Roselie sur un autre pied que celui d'une comédienne; je lui fis faire des habits fort propres, j'envoyai à Paris quatre de mes poinçons de diamant, qu'on troqua contre de fort belles boucles d'oreilles que je lui donnai. Je la menois partout avec moi dans les visites de mon voisinage; sa beauté et sa modestie charmoient tout le monde.

Je m'avisai d'aller à la chasse et de m'habiller en amazone; j'y fis aussi habiller Roselie, et la trouvai si aimable avec une perruque et un chapeau, que peu à peu je la fis tout à fait habiller en garçon.

C'étoit un fort joli cavalier, et il me sembloit que je l'en aimois davantage; je l'appelois mon petit mari; on l'appeloit partout le petit comte ou monsieur Comtin; il me servoit d'écuyer. Je me lassai de lui voir une perruque, et lui fis couper un peu de cheveux; elle avoit une tête charmante, ce qui la rendoit bien plus jolie; la perruque vieillit les jeunes gens.

Ce divertissement étoit fort innocent et dura sept ou huit mois, mais par malheur monsieur Comtin eut mal au cœur, perdit l'appétit, prit la mauvaise habitude de vomir tous les matins.

Je soupçonnai ce qui étoit arrivé, et lui fis reprendre ses habits de fille, comme plus convenables à son état présent, et plus propres à le cacher; je lui faisois mettre de grandes robes de chambre traînantes et sans ceinture, on disoit qu'elle étoit malade; les migraines, les coliques vinrent à notre secours.

La pauvre enfant pleuroit souvent, mais je la consolois en l'assurant que je ne l'abandonnerois jamais. Elle m'avoua qu'elle n'avoit ni père ni mère, et ne savoit d'où elle étoit; que sa tante étoit une tante postiche, qui l'avoit prise en amitié à l'âge de quatre ans. Je ne m'étonnai plus qu'elle me l'eût donnée si aisément.

Au bout de cinq ou six mois, je vis très bien que tout se découvriroit en province, et avec scandale. L'aimant autant que je faisois, je songeai à la mettre entre les mains de personnes habiles qui pussent la guérir d'un mal qui n'est pas dangereux, pourvu qu'on ne l'aigrisse pas en le voulant trop cacher.

Il falloit aller à Paris où l'on se cache aisément. Je recommandai ma maison à monsieur le curé, et partis dans mon carrosse avec Roselie, Bouju et sa femme, mon cuisinier à cheval. J'avois mandé à monsieur Acarel de me louer une maison avec un beau jardin dans le faubourg Saint-Antoine, résolue d'aller peu à la ville, jusqu'à ce que la petite fût guérie.

Dès que je fus arrivée, je mis Roselie chez une sage-femme qui en eut grand soin; je l'allois voir tous les jours et lui faisois de petits présents pour la réjouir. Je ne songeois qu'à elle, je ne songeois point à moi ni à me parer. J'avois des habits fort propres, et toujours des coiffes, sans mettre jamais ni pendants d'oreilles ni mouches.

Enfin Roselie mit au monde une petite fille que j'ai fait bien élever, et à l'âge de seize ans je l'ai mariée à un gentilhomme de cinq ou six mille livres de rente; elle est fort heureuse. Sa mère, au bout de six semaines redevint plus belle que jamais, et alors je resongeai aussi à ma beauté. Je m'ajustai fort, et allai à la comédie avec deux dames de mes voisines. Roselie y parut comme un petit astre; mais elle fut bien étonnée, et moi aussi, lorsqu'elle vit sur le théâtre du Rosan qui faisoit le personnage de Maxime dans *Cinna*.

Il nous reconnut aisément et vint nous voir dans notre loge. Il ne se sentoit pas de joie, et il me parut que Roselie n'étoit pas fâchée. Je lui dis où je demeurois, et lui permis de me venir voir. Nous le vîmes dès le lendemain, et il ne finissoit point sur la beauté de la petite fille; sa passion se réveilla.

— Madame, me dit-il, ma fortune est faite; je n'ai encore qu'une demi-part, mais je l'aurai bientôt tout entière : c'est huit mille livres de rente. J'épouserai Roselie, si vous me la voulez donner, et je me flatte que faite comme elle est, si elle n'a point oublié à dire des vers, je la ferai recevoir dans la troupe.

Je lui répondis que je lui en parlerois, et qu'il revînt dans trois ou quatre jours.

Je lui en parlai dès la même nuit, en l'embrassant de tout mon cœur :

— Voyez, lui dis-je en pleurant, si vous me voulez quitter.

Elle dit assez froidement qu'elle feroit tout
ce que je voudrois.

Cela ne me plut pas et je résolus de la marier. Je la fis coucher dès le lendemain dans
une chambre séparée ; cela la toucha, elle me
crut en colère ; quand tout le monde fut cou-
ché, elle me vint trouver dans mon lit et me
demanda cent fois pardon.

— Eh ! madame, me dit-elle, quand je serois
mariée, ne m'aimeriez-vous plus ?

— Non, ma chère enfant, lui dis-je, une
femme mariée ne doit aimer que son mari.

Elle se mit à pleurer, et m'embrassa si tendrement que je lui pardonnai et m'imaginai
être encore à Crespon.

Du Rosan revint et pressa. Je lui dis que
Roselie n'ayant pas de bien, il falloit voir,
avant toutes choses, si elle seroit reçue dans la
troupe.

— Non, madame, reprit-il comme un homme
fort amoureux, je ne demande rien ; sa petite
personne est un assez grand trésor.

Je ne l'écoutai pas, et lui dis que le lendemain j'irois à la comédie, que Roselie seroit
dans ma loge, fort parée, qu'il la fît remarquer
à ses camarades, et qu'après la pièce, ils me
vinssent tous prier de venir sur le théâtre,
quand tout le monde seroit sorti, pour faire
dire quelques vers à la fille.

Cela fut exécuté ; on joua *le Menteur* ;
Floridor, après la pièce, nous conduisit
sur le théâtre, et, pour me réjouir, je dis
avec la petite fille des scènes de *Polyeucte*,
que nous avions dites ensemble plus de cent
fois.

Les comédiens étoient dans l'extase, et sans
autre examen vouloient recevoir Roselie, mais
je m'y opposai.

— Il faut, leur dis-je, consulter le public.
Faites-la afficher, qu'elle joue cinq ou six fois,
et puis vous verrez.

Du Rosan trouvoit cela bien long, et moi je
le trouvois bien court. Il falloit, le lendemain
des noces, renoncer pour jamais à ce que j'aimois ; je m'y résolus pourtant et ne voulus
point empêcher l'établissement de ma chère
enfant ; je m'étois aussi aperçue qu'elle ne
haïssoit point du Rosan.

Elle joua publiquement sur le théâtre de
l'hôtel de Bourgogne, et dès la première
fois, le parterre la fit taire à force d'acclamations. Les comédiens la reçurent dans les
formes, et lui donnèrent en entrant une demi-
part.

Elle n'avoit point d'habits de théâtre, ils
sont fort chers ; je lui donnai mille écus pour
en avoir, et du Rosan lui en donna autant. Il
commença à presser son mariage ; je reculois

toujours ; tantôt c'étoient des habits que je lui
faisois faire, tantôt c'étoit du linge ; je voulois
faire la noce chez moi.

Enfin, le jour fatal arriva; Roselie fut mariée et je ne lui touchai plus le bout du doigt.
Je fis la noce à mes dépens, et je l'accablai
de petits présents. Je lui avois donné à Crespon des boucles d'oreilles de quatre mille
francs.

Dès que la petite fille fut mariée, je ne songeai plus qu'à moi, l'envie d'être belle me reprit avec fureur ; je fis faire des habits magnifiques, je remis mes beaux pendants d'oreilles
qui n'avoient pas vu le jour depuis trois mois ;
les rubans, les mouches, les airs coquets, les
petites mines, rien ne fut oublié ; je n'avois que
vingt-trois ans, je croyois être encore aimable,
et je voulois être aimée.

J'allois à tous les spectacles et à toutes les
promenades publiques; enfin j'en fis tant que
plusieurs gens me reconnurent et me suivirent
pour savoir où je logeois.

Mes parents trouvèrent mauvais que je fisse
encore un personnage qu'on avait pardonné à
une grande jeunesse; ils me vinrent voir, et
m'en parlèrent si sérieusement que je me résolus de quitter tout ce badinage, et pour cela
j'allai voyager tout de bon en Italie. Une passion chasse l'autre : je me mis à jouer à Venise,

je gagnai beaucoup, mais je l'ai bien rendu depuis.

La rage du jeu m'a possédé et a troublé ma vie. Heureux si j'avois toujours fait la belle, quand même j'eusse été laide! Le ridicule est préférable à la pauvreté.

FIN

TABLE DES CHAPITRES

IMPRIMERIE E. LHOEST
Rue de la Madeleine . 26.

LITHOGRAPHIE

TYPOGRAPHIE

BRUXELLES.

www.ingramcontent.com/pod-product-compliance
Lightning Source LLC
Chambersburg PA
CBHW070409090426
42733CB00009B/1596